天下文化
BELIEVE IN READING

心理勵志 BBP470

進步一點點，人生就會不一樣

洪蘭 著

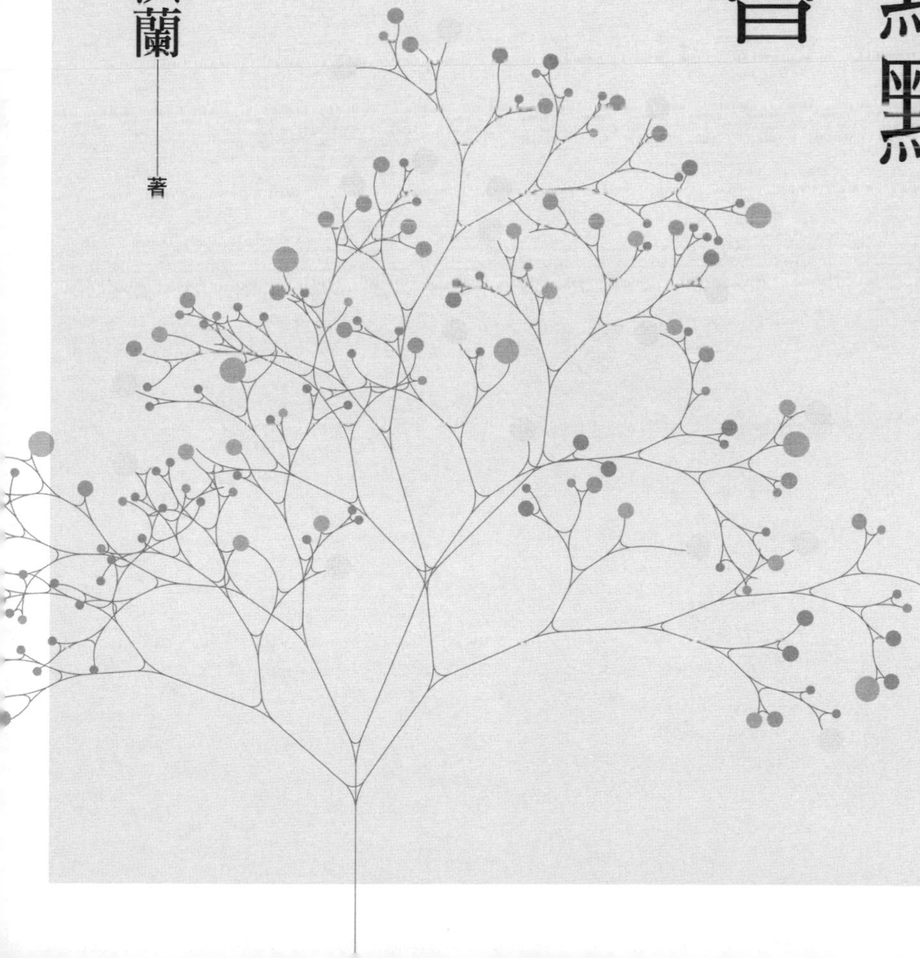

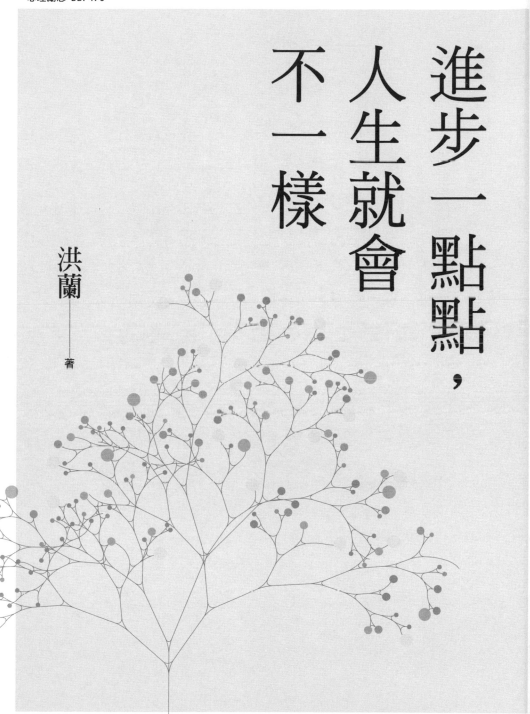

目錄

學習——激發新格局

正向——創造新人生

素養——活出新未來

自序

貫徹「勤精進」，人生的意義自然出現

我生在民國三十六年（一九四七），生肖屬豬，小學時常被老師罵「你們這班死豬」。想不到我們這班不曾吃過維他命或任何補品的豬經過了八二三砲戰、白河地震、葛樂禮颱風都大難不死，反而因為少年時必須勞動，意外符合了朝鮮半島新羅晚期到高句麗初期佛教高僧長壽的秘訣——儉約、勞動、茹素，大部分同學都還健在。最近相聚時，那些白手起家，創造台灣錢淹腳目奇蹟的同學開始討論如何將自己一生的寶貴經驗傳遞下去，使年輕人少走些冤枉路。

因為用說的，年輕人不愛聽，最後決定用寫的，因此最近有不少的「回憶錄」型文章出現在各個部落格中，我則寫在專欄中。那些年輕人眼中的歷史，就是我們一步一腳印走過的經驗，這本書就是這些專欄的總合。

不能否認，這個社會是功利的，君不見這次冬季奧運會，谷愛凌奪金受寵，朱易摔倒遭出征，雖然二人都是美裔華人，但沒有金牌，待遇就是不一樣。在古代，很少人能活到七十歲，因此物以稀為貴，老人可以吃肉，皇帝還賜鳩杖。但現在老人滿街跑，長壽不但不稀奇，還惹人嫌。有個順口溜說：「路上飆車的是十八歲，逆向行駛的是八十一歲；十八歲的心是脆弱的，八十一歲的骨頭是脆弱的；什麼都不懂的是十八歲，什麼都記不得的是八十一歲；不斷尋找自我的是十八歲，不斷被家人到處找的是八十一歲。」這是事實，不必抱怨，要不惹人嫌，老人當自強。

當然老了也有好處，因為去日無多，很多事不得不放下，世事看開了，生活就淡泊了，只要茅屋不漏雨，粗茶淡飯反而養生，若有老友、老本、老伴那就是清朝牛應之在《雨窗消意錄》說的：「日高三丈我猶眠，不是神仙，誰是神仙。」

所以老不必怕，只怕阿茲海默症找上門，萬一失智，返老還童到不知道自己是誰時，就失去了做人的尊嚴了。因此老了，最重要一件事便是保持大腦健康，把這個病拒之門外。

研究發現，防止阿茲海默症最好的方法是每天學一點新東西，因為新知需要注意力來幫助它通過大腦訊息處理的瓶頸，這個注意力會引發腦幹的藍斑核分泌正腎上腺素，而正腎上腺素可以防止阿茲海默症。實驗也發現，如果將跟記憶有關的膽鹼細胞泡在正腎上腺素中，它們就活得久。若將受到類澱粉蛋白傷害的腦細胞泡在正腎上腺素中，腦細胞的傷害就被減輕，它是阿茲海默症的解毒劑。所以每天學一點新東西，大腦就少退化一點，人也就能安心地頤養天年了。

可惜許多老人雖然知道學新東西的好處，卻覺得學習辛苦，不肯學，其實研究發現，只要每天學一點，持之有恆，這個功效還是會有。尤其我們的長期記憶有個特點，它會把看起來不相干的知識組織起來，找出它們脈絡和重點，使學習加深。這個實驗是連續三天給大學生看一序列不相干的單字，三天後，請他們將所有看過的字都回憶一遍。結果發現他們會不自覺的把本來隨機呈現的單字，按類別（如家具類、食物類）寫在一起。表示他們在看的時候，雖然沒有想到這些字彼此之間的關係，但是在晚上睡覺時，大腦把它們分門別類組織起來了。

所以老不足畏，只要每天進步一點，仍然可以創造出有意義的人生。普賢菩薩有一警世偈：「是日已過，命亦隨減，如魚少水，斯有何樂？當勤精進，如救頭燃，當念無常，慎勿放逸。」也就是說，不管自己多年輕，過一天，在世上的日子便是少一天，像魚賴以維生的水愈來愈少了，但是只要把握時間，像救頭髮被燃燒那樣，努力精進，人生還是大有可為的。黃公望開始畫《富春山居圖》時，可是高齡八十歲的老翁呢！

「勤精進」是人生的座右銘，徹底執行它，人生的意義自然出現，你會樂在其中，不知老之將至！

思辨——帶來新氣象

送禮的面子與裡子

送禮是一門學問，要送到客人喜歡，主人荷包又不太傷，要費點心思。美國卡內基－美隆（Carnegie-Mellon）大學市場經濟學的教授做了一個研究，發現人在選購禮物上有很多迷思，因為人是自我中心的，送禮的人不太會從收禮人的角度去想，結果花了大錢，受的人卻覺得是雞肋。尤其外國的習俗是收禮者要當面拆開禮物，不像我們是回家後才拆，送的人為了要得到對方打開禮物時的驚喜，常用外在的炫麗去取代實用的價值，比如說送花，送的人多半會挑盛開的花朵，收的人卻喜歡含苞待放、花期長一點的花束。

他們曾做一個簡單的實驗，在路上隨機攔下二個人，請其中一個人填假的問卷，填完後，送他一個小禮物致謝，告訴他可轉送給旁邊等待的伴侶。一個禮物是漂亮但很重的筆，另一個是輕巧可以伸縮的筆。結果發現送的人會挑外表好看、看起來有價值的筆，可是收的人卻寧可要輕巧、可以放在皮包內的筆。這情形甚至在結婚多年的配偶上也是如此。

美國很多人會把聖誕節收到的禮券放到網上去拍賣換現，研究者發現若是買禮券給自己用，人們會選全聯或大潤發這種大賣場的禮券，甚至當七十七元就可買到大百貨公司面值一百元的禮券，而八十九元才能買到全聯一百元面值的禮券時，他們還是會花多一點錢去買實用的，但若要送人，則會選大百貨公司如Sogo的禮券，可見不論中外，面子還是比裡子重要。

禮物代表的是感謝，禮輕情意重，心意達到了便可，不要為了面子，過度包裝，破壞生態環境。

做人還是實際一點的好。

何必拿著金飯碗去討飯？

一九七二年我在美國念書時，尼克森總統訪問中國，新聞時間一到，學生活動中心便擠滿了人，大家都對中國很好奇。我在電視上初次看到了教科書上的長城，還看到一個不用麻藥、只用針灸麻醉的外科手術，當時所有人都嚇得問我針灸是什麼，為什麼會不痛？我楞在那裡，慚愧自己對文化的無知。五十年後，我看到一篇論文，或許可以回答針灸麻醉之謎。

過去我們認為麻醉是麻藥的分子阻擋了離子通道，使疼痛訊息不能傳遞到大腦。但是一位德國的生物物理學家卻想：不同的麻藥有不同的分子結構，不可能都能和離子通道結合，所以一定有別的原因。他發現，神經元不反應，可能是麻藥改變了細胞膜的物理性質，使細胞膜的脂肪不能從液態脂肪變成液態結晶（from lipid to crystal），變軟了，好像吉他的琴弦太鬆了，不能彈一樣，後續的實驗證實了這一點。或許中醫的針插下去時，也是暫時改變了細胞膜的物理性質，阻擋了傳導，所以就不覺痛了。

文化是民族的根

這篇文章令我感慨，我們的三大發明——羅盤、火藥、印刷術，都是在外國人手上發揚光大的。到現在，中醫的很多療效還是知其然而不知所以然。中醫是祖先傳給我們的寶物，像治瘧疾的中藥，屠呦呦一深入研究便拿到了諾貝爾獎。西方的船堅炮利打醒我們時，也打去了我們的民族自信心，全盤西化的結果使我們在倒洗澡水時，把嬰兒也潑出去了，我們真是拿著金飯碗在討飯。

前年有個以色列神經科學家來台灣教學三個月，他問了班上十幾個大學生，什麼是他們心目中的中華文化？結果幾乎一面倒的說：「吃」，只有二個人說是故宮的文物。飲食是民族文化的精髓沒有錯，但是中華文化遠不只有吃而已，他很驚訝我們的學生並不以故宮的收藏為傲。

文化是一個民族的根，也是一個民族的向心力。看到有人在操作，要把故宮降級改隸屬文化部，真是感慨萬千。這個需要深厚學養和國際觀才能勝任的職務，一旦變成政治酬庸，我們祖先數千年的心血將毀於一旦。這些國寶是許多人冒著生命危險，九死一生才運來台灣的，想不到它逃過了文化大革命的浩劫，卻躲不過意識型態的追殺，悲乎！

插隊，沒什麼？

朋友的兒子從頂大資訊所畢業，在一家電子公司上班，是人人稱羨的好孩子。不料新年才初五，她就憂心忡忡的來找我，說兒子的人生走歪了。

原來春節時陽光普照，大家便都出去郊遊，她也不例外。兒子開車要下交流道時，一看要出去的車回堵到高速公路上來，便不但不減速排隊，反而衝到最前面，方向盤一轉，直接插隊進去。後面的車大按喇叭，嚇得她連聲斥責兒子。兒子不在乎的回一句：「在這個社會，不插隊就只能等死。」她非常驚訝。兒子又說：「媽，識時務者為俊傑，溫良恭儉讓那一套已經過時了。在現在，要飛黃騰達就只能踩著別人的頭往上爬，您沒聽過『苦幹實幹，撤職查辦』嗎？這就是現實，要生存，我得照這個社會的遊戲規則走。」

兒子告訴她，他去聽了一場職場生涯的演講後，茅塞頓開。專業的講師說：「職場升遷不能排隊，要插隊，而且要有貴人相助。」要他們把可利用人士的生日、配偶、子女名字、嗜好等隨時登記下來備用；還教他們要搞清楚公司上層的裙帶關係，才不會說錯話或拍錯馬屁。他說他在公司看到的升遷現象果然如此，所以雖然不屑，也只好跟著做。朋友愈聽愈心寒，不知自己怎麼會教出一個勢利眼的孩子來。

我聽後也很感慨，其實不能怪孩子投機取巧，目前的大環境的確如此，文官制度被破壞了，很多人事安排都是酬庸性質，人民抗議無效後，邪道遂成了正道。

姑息養奸，大家受害

我們中國人一向明哲保身，只要事不關己都不出聲，其實這就是「鄉愿」，孔子說的「德之賊也」。當大多數人不站出來為弱勢發聲時，正義就消失了；姑息養奸的結果就是小人得逞，不想做傻瓜的年輕人就馬上學聰明了。

我曾在一所小學看到一件令我印象深刻的事：我在辦公室跟老師談話，一個小女孩跑進來說：「老師，有人在爬置物櫃。」老師說：「叫他不要爬。」小女孩跑出去不久又回來說：「老師，他不聽，還在爬。」老師說：「告訴他，再爬我就要處罰他了。」一會兒，小女孩又進來說：「老師，他還在爬。」老師沒有即刻去處理，繼續跟我說話。等我和老師談完話走出辦公室時，看到他們兩人都在爬置物櫃了。

公平是維持社會安定的要素，人平不語，水平不流。司法則是維護這個公平的機制。朋友孩子的不當行為是個警訊，肉腐出蟲，魚枯生蠹，不要把它當成個案，千里之堤潰於蟻穴，當每個人都投機取巧時，台灣就不戰而亡了。

經濟衰退，家暴就增加？

薩波斯基（Robert Sapolsky）的《行為：暴力、競爭、利他，人類行為背後的生物學》（*Behave: The Biology of Humans at Our Best and Worst*）是一本內容豐富、又能深入淺出地把複雜的大腦和行為的關係解釋得很清楚的好書。假如我還沒有退休，我會選它做為我在中央大學開的「大腦與行為」這門課的教科書。如今，希望更多人都能享受到這本好書帶來的智慧。

這本書的原文版有七百九十頁，厚到讓許多學生不敢去碰它。其實它的文字很淺（用現在流行的語言來說，就是接地氣），讀起來並不辛苦，只是不適合躺在床上讀，因為書太重，手會痠。

這本書很適合醫學院的學生，還有修心理學、社會學、犯罪學、人類學，甚至商學院的學生閱讀，因為它用大腦實驗的證據來解釋行為發生的原因，對想要了解各種行為有實質的幫助。本書作者是史丹佛大學醫學院的神經內分泌學教授，也是少數人文素養——尤其在演化和宗教方面——造詣很深的神經科學家。他寫過好幾本書，其中《為什麼斑馬不會得胃潰瘍》（*Why Zebras Don't Get Ulcers*）台灣也有中譯本。

醫學院的學生應該要讀這本書，因為一個好的醫生是醫人而不是醫病，要醫人，必須知道病人這個病或行為的由來，尤其精神科的學生更要讀。

至於心理學、社會學、犯罪學的學生也要去讀它，因為行為跟環境有直接的關係，環境甚至會影響基因的展現與否（這叫表觀基因學〔Epigenetics〕）。比如台灣最近頻頻發生虐童案，政府的做法是加強社工人員對高危險家庭的訪視，以及暢通醫生和老師通報的管道。但是這些都是事後的補救，對孩子來說，身心的傷害已經造成了，而且這個傷害會影響孩子一輩子，代價太大。政府的重點應該放在事前防範，立法使國家的幼苗來得及長大（尤其現在少子化嚴重，好不容易生出來了，又受虐而死，對國家真是損失），所以要根絕虐童必須治本。但是要事先防範必須知道它發生的原因才可能對症下藥。作者在書中舉了很多大腦的實驗，說明家暴跟父母或施虐者承受的壓力有關，壓力會提升動物的攻擊性，而攻擊性能減輕壓力。

例如實驗者在電擊一隻老鼠後，發現這隻老鼠的醣皮質素（glucocorticoid）濃度和血壓上升，牠會猛吃東西或啃木頭來緩解壓力（人類也會猛吃油炸、高糖分的食物來紓解壓力）。但是老鼠發現最有效的紓解方式是去咬另外一隻老鼠，實驗發現愈用替代性攻擊，施虐者體內的醣皮質素愈低。

動物觀察者發現高階的公狒狒在打輸了以後，會去打另外一隻低階的公狒狒，這隻公狒狒又會去打在旁邊的母狒狒，母狒狒轉頭就去打小狒狒出氣。

人類也是這樣，最近有一個母親在受到丈夫的家暴後，打她的親生兒子，強迫他吃地上的食物。這件事被傳上網後，很多打抱不平的網民用人肉搜尋方式找著她後，圍攻她。

研究又發現經濟衰退時，配偶和孩子受虐的比例就升高。有一個研究更發現本地足球隊無預警輸球時，家暴的比例就上升一〇％（如果贏球或本來就預期會輸就不會上升），賭注愈高，家暴愈兇。如果輸給對頭的球隊，家暴上升二〇％。所以政府應該把施政重心放在改善經濟、減少失業，以及匡正社會風氣，譴責外遇等危害家庭幸福的因素上，若不從根本去改善，只是加強訪視與通報是於事無補的。

本書有很多實驗使讀者了解過去看到的現象為什麼會發生，我在念研究所時，研究指出美國的智力測驗有文化上的偏見（bias），對偏鄉或非西方主流文化的孩子不公平。例如把香蕉、猴子和熊三張圖片給孩子看，請他們找出誰和誰應該放在一起，結果西方的孩子會把猴子和熊放在一起，因為都是動物，但是東方的孩子會把猴子和香蕉放在一起，因為猴子吃香蕉。這實驗顯現出西方人注重的是類別，東方人注重的是關係。但是為什麼是這樣？不知道。在當時，對很多現象我們是知其然，而不知所以然。但是在看了這本書後，就知道原來人的觀念受到文化和環境的影響，凡是個人主義（individualism）強的社會，人們偏重理性分類，而集體（collective）主義強的社會因為要靠團體的力量才能生存下去，他們重視關係。作者舉例說，一樣是中國人，有著相同的種族、語言和文化，但中國南方因為種稻，需要大量人力，必須全村一起插秧、一起收割，結果發展出集體文化的社會，而北方缺水，只能種小麥，小麥不像水稻需要群力群策，就發展出個人主義——我只為我的行為負責任，所以中國南方人和北方人在「圍巾、手套和手」的配對上有不同：北方的孩子會把圍巾和手套放在一起，因為它們是衣物類，類似西方人；而南方的中國人把手套和手放在一起，因為手套是給手戴的，它們有關係。

作者從大腦和實驗的證據上指出了東西方文化在行為上差異的原因，這些知識讓我們學會包容，了解行為的出現是其來有自，從而懂得用別人的角度去看事情，而不再有像過去那種沙文主義的偏見出現。

佛里曼（Thomas L. Friedman）說：在世界是平的，在天涯若比鄰的現代，人必須知己知彼，才能海內存知己。這是一本值得閱讀，值得深思的好書，請好好的享受它。

當遠距教學結合產學合作

自從新冠肺炎（COVID-19）使學生必須在家隔離，不能到校上學以來，傳統的教育方式便受到極大的衝擊，遠距教學成為唯一可行的教育法。其實「摩課師」（MOOCs, Massive Open Online Courses，大規模的線上開放課堂）自二〇〇八年出現後，就吸引很多人的注意，它最大的好處是給有能力但是沒有財力去上大學的孩子一個求知的機會，但因人類的守成本性，直到新冠疫情它才普遍起來。

MIT（麻省理工學院）公開課程（open learning）的創辦人桑賈．沙馬（Sanjay Sarma）教授說，大學不再是學生獲得知識的唯一來源，也不再是知識創新的唯一源頭，產學合作是必然的趨勢，很多企業都自己開班，訓練他們所需的人才。如谷歌在今年三月便開辦了他們的職業認證計畫（Google Career Certificates），學生只要花六個月的時間和很少的學費（每月四十九美元），在家完成線上課程後，就可以拿到谷歌的「大學同等學歷」證書，有機會進入谷歌做事。

除了ＭＩＴ、哈佛、史丹佛等名校也都開出類似的線上課程，學生不但可以用自己的步調學習，還可以拿到正式的學位。ＭＩＴ目前的學位叫「微型碩士」（Micro master），學生先在線上修完大部分學分，最後一學期則來到ＭＩＴ校園，跟老師同學互動，最後得到ＭＩＴ的碩士學位。

為什麼最後一學期要去ＭＩＴ的校園上課呢？因為教育不只是知識的獲得，師生關係、同儕的切磋，還有校園的文化，都是大學教育所不可缺的，尤其人脈（你跟誰是同學）將來在事業發展上很重要。

我們台灣各大學也有開辦「摩課師」，但情況不熱絡，其實台灣現在最需要的是像谷歌那樣的產學合作課程，因為我們除了缺水、缺電之外，還缺人！

綽號的無心傷害

最近在報紙上看到一篇短文，談到隨便取綽號的傷害。

作者帶她的女兒去到自然科學博物館參觀，發現原來館中那隻竊蛋龍不是去竊別人的蛋，而是在守護她自己的蛋，牠不是壞人而是個好媽媽。

這隻恐龍是一九二〇年代，在中亞地區挖掘出來的。當時這隻恐龍的骸骨被發現在一窩恐龍蛋的旁邊，以為是想偷蛋，便被冠上了竊蛋龍這個綽號。後來研究人員經過比對查證，發現它其實是這窩蛋的媽媽，是在護蛋、孵蛋，不是在竊蛋。不幸，好事不出門，壞事傳千里，即使新證據證明事實並非如此，也沒有用，一百年來，牠一直被人們叫做竊蛋龍，無法洗刷汙名。

這篇短文令我頗有感慨，台灣有很多名嘴喜歡幫人取綽號、嘲笑別人。這種逞一時之快，傷害別人一輩子是很缺德的事。

曾經有個中學老師在開學時，為了打破同學之間的陌生感，便要同學彼此取綽號，以後用綽號稱呼。她不了解家人給孩子取小名跟別人替你起綽號是有不同的。我朋友的孩子小名「拍拍」，因為她小時候總是嚷著「拍拍」，要大人拍她入睡。她長大後非常漂亮，追求她的人很多，手機信息總是滿滿，但是她只要看到「拍拍」這兩個字，便立刻打開來看，因為她知道是自己的人找她。但綽號不一樣，總是從外表著手，常有譏貶的意思。我有朋友她發育得遲，胸部平坦，她到現在，對當年同學稱她「跑道」還是耿耿於懷。這位老師沾沾自喜的「破冰」行為，其實傷害了很多人而不自知。

起綽號是一個無聊、損人不利己的行為，實在不應該鼓勵。

進步一點點，人生就會不一樣

這學期的最後一天，下課前十分鐘，我跟學生說：「馬上是新的一年了，你們對它有什麼計畫嗎？拿一張紙出來，寫下你們對新的一年的自我期許。人是有惰性的，如果沒有時時提醒自己，春去秋來，時間從指縫中流失是一點感覺也沒有的。」

不料我話一說完，馬上有學生說：「老師，寫有什麼用，我年年寫，年年槓龜。」我很驚訝問：「你為什麼要寫做不到的事呢？志是立給自己看的，又不是寫作文，不需要冠冕堂皇，但要誠實的把自己變得更好一點。」看到學生在底下七嘴八舌講他們過去的經驗，我才明瞭原來他們都誤會了寫這個新年「立志」（resolution）的意義和重要性了。

我小時候，每一年除夕，我父親都會要求我們在日記中寫下對新的一年的期望。在第二天早上發紅包時，他會對這個期望下評語，因此我們不敢亂寫，同時也知道父親會用這個自己立下的目標來考核，寫太高是替自己找麻煩，寫太低（有一次我寫希望每次考的好，不要被老師打），被父親罵沒志氣，所以每次都努力想，還有什麼是我可以做到，而且能使自己變得更好一點的項目。每年年初一拿紅包很辛苦，但是每年一點點的自我改進，也真的使我在做人做事上有小小的進步。曾有人懷疑我為什麼可以在正規工作之外，還有時間翻譯六十四本書，誣指我是請學生代翻的。其實，我對零碎時間的利用，就是我爸這樣年復一年訓練出來的。

於是我就對學生說：「人若不反省，就不會知道自己有什麼缺點，你們每次考試都抱怨考試範圍太大，來不及讀，你們有沒有想，在新的一年裡，改變自己的讀書習慣，不要拖到考前一天才讀呢？我們在課堂上講過為什麼『臨時抱佛腳』無效，因為白天所讀的知識需要在睡眠時拿出來重新整理，才會變成你的知識；我們也講過，學習要分段隔開來溫習，記憶才會長久，為什麼你們不會學以致用呢？寫新年的resolution，就是提醒自己把學的新東西應用到生活上，使日子過得更順利。當學習產生意義時，你們就會更有興趣去學了。」

講完後，果然學生不再認為這是沒有意義的應景作業，開始低頭去想了。因為這不是作業，我不必收回來改，就下課回辦公室了。結果有個學生跟進來對我說，他父親也有要他們寫新年的resolution，但是沒有像我父親一樣，時時檢覆有沒有做到，最後就不了了之了。他現在知道，要立下自己能力做得到的目標，而且要貼在牆上，時時提醒自己。他說，他的目標是今年把英文讀好，明年去參加檢定考試，這個目標不大，他覺得應該可以達標。

我聽了很高興，新年立志不是大腦認知課的內容，但是現在學生不太知道自己要什麼，因此就不會去追求，不去追求，自然就沒有成果了。

登高自卑，行遠自邇，每年進步一點點，人生就會不一樣。古人說的對，不要以善小而不為啊！

謠言止於智者，別輕信傳言

台灣最近為了打新冠肺炎疫苗之事鬧的人仰馬翻，很多國家鼓勵人民去打疫苗（印尼送活雞，馬來西亞送花生油），我們是追殺偷打疫苗的人，同一件事，政府不同，人民的命運不同，令人嘆息。

因為疫苗，使得打三合一疫苗會得自閉症的流言又起。其實這完全是不符事實的謠言。這個謠言起於一九九八年，英國有個腸胃科醫生叫安德魯．韋克菲爾德（Andrew Wakefield），他在十二名自閉症兒童的腸道中，發現有一些細菌是正常兒童沒有的，他認為這可能跟麻疹疫苗的接種有關，在沒有任何直接的證據之下，他召開了記者會，宣布三合一疫苗（麻疹、腮腺炎和德國麻疹MMR）跟自閉症有關。

因為疫苗是在幼兒期注射，而自閉症的症狀也是在幼兒期顯現，這個時間上的巧合立刻引起父母的恐慌，英國的接種率一下子掉到六二％（而群體免疫必須達到九四％左右才能避免流行）。

麻疹的病菌很毒，傳染性很高，發高燒會導致孩子失聰、腦部損傷更會致死，這種謠言非常惡毒，他為什麼要這樣做呢？一位記者便去調查，結果發現韋克菲爾德收了一家生技公司五萬五千英鎊的賄賂，竄改實驗數據，使新的檢驗針劑上市。後來英國內科醫學委員會判定他犯下嚴重專業失格（專業上的不誠實及利用發展遲緩的兒童牟利），取消了他的醫生資格，但是台灣有人不知道後續的發展，還在傳這個流言。

生命是珍貴的，尤其兒童的生命。美國一位總統說的好：給孩子最好的一切，因為你永遠不知道他會不會是未來的救世主！

疫苗可以幫助我們抵抗病毒，父母不要隨便輕信謠言，謠言止於智者，大家不要再傳了。

未雨綢繆，把心安定下來

當台灣疫情開始嚴重，確診人數直線上升後，大家都惶惶不安。人在看不到希望時會悲觀，這是不可避免的現實，若是惡化到變成焦慮症就不值得了。

長期焦慮會傷害大腦，對身體不好。偏偏人有聯想力，而且喜歡去想不好的事情，比如說，想到A，凡是跟A有關的事件就會像骨牌反應（domino effect）一樣一個接一個的觸發起來。跟著聯想力而來的還有想像力，台灣有一句俚語：「看到一個影子，就生了一個孩子」，焦慮症的人對壞事情的想像力特別豐富。

幸好在心理學上有一個治療焦慮症的方法叫做「防禦性的悲觀」，就是把你所焦慮、煩惱、擔心的最壞情況先在腦海裡想像出來，再寫下可能解決它的方式，然後把它一樣一樣處理掉。人一旦知道該怎麼做，所謂「成竹在胸」，就比較不焦慮了。

過去對於焦慮症的病人，是勸他要正向思考，叫他「不要這樣子想」，但實驗發現，這種方法無效。不要去想的唯一方式是用另外一個念頭去取代它、把它遮蔽。

其實，悲觀是不好，但是演化學者認為悲觀的人比較務實，會未雨綢繆，大難來時，存活的機會大。所以只要不是長期性的悲觀，就不用太擔心。

天下沒有不能解決的問題，中國有句俗話：「兵來將擋，水來土掩」，肯去面對，去想，總有解決的方法。在這疫情艱難的時候，大家不妨試一試這個新方法，靠著把最壞的情況準備好，把自己的心安定下來。

公道自在人心

朋友問：「為什麼現代人這麼容易落入被人激怒的圈套呢？」

原來被冤枉是人最不能忍受的，偏偏現在流行甩鍋，政府一直把缺疫苗之事怪罪到別人頭上，使好心人士很灰心。其實只要為的是天下蒼生，自己沒有私心，就不要在意。《荀子．天論》說：「天不為人之惡寒也，輟冬，地不為人之惡遼遠也，輟廣，君子不為小人之匈匈也，輟行。」小人是「計其功」的，不必理他，只要是好事，「何恤人之言」。

台灣的力量在民間，那些抹黑誣蔑的話有如水上寫字，禁不起風一吹就散去，是非公道自在人心。寄望這些人繼續為台灣的疫苗努力，讓我們不能去國外打疫苗的人，也有保護。

欺軟怕硬是動物的天性！

大樓的管理委員會是個吃力不討好的工作，朋友卻擔任主委多年，她說大樓不保養，會壞得很快，既然同舟共渡是五百年的緣分，她就把它當結緣做。我很敬佩她的胸襟，所以常約她出來喝茶散心。

有一天，她說大樓有個住戶不肯交公共電費，因為他住四樓，而大樓有十二層，他認為電梯的電費應該按樓層高低來分攤。她又說，這個人要求保全看到他要敬禮，保全不理，他便動手推人。第二天那個人又要耀武揚威時，突然發現新的保全人高馬大，是蛙人退伍的，他便立刻收起氣焰，悄悄從後門溜走。她大笑說：現世報，問我是否人類才會這麼惡劣，專門欺軟怕硬？

其實動物也會，有個實驗是把一隻東非洲好勇狠鬥的麗魚（cichlids）放在水箱中央，四周用玻璃隔成不相通的小房間，但是在中央的魚可以看到每個小房間的情形。實驗者讓A魚與B魚打，當A贏時，牠鰓旁會出現又深又黑的直紋，而輸的魚黑紋褪色，所以輸贏一目了然。中間的魚隔山觀虎鬥，看到A打敗B，B打敗C、C打敗D、D打敗E。然後，實驗者把中間的魚和A、E放在新的水槽裡，看牠會先去挑戰誰，因為輸贏會決定牠在這新水槽中的地位。

結果發現牠立刻游到E的旁邊，因為從先前的觀察中，牠推論出A最強，E最弱，所以跟E打，勝率最高。如果把這條魚與B、D放在一起，牠會游到D的旁邊，雖然B與D的強弱沒有A與E那麼明顯，但是B還是比D強。這隻腦只有黃豆大小的魚竟然會做邏輯推論，還能正確比較出每條魚的強弱，再挑弱的來建立自己的社會地位，著實令人驚奇。

社會心理學家發現，愈是沒有自信的人，愈是要欺負弱小來滿足自己的虛榮心。真可惜人類在演化的過程中，沒有把這個劣根性去掉，所以國際上才會不斷出現大欺小的鴨霸行為。最近網路有個萊豬笑話：「台灣真可悲，武器買了、毒豬吃了，獻完了身，一覺醒來，恩客（意指當時剛敗選下台的美國總統川普〔Donald Trump〕）掛了。」

弱國無外交，只有自己強大起來，才能做到國父遺囑中說的「以平等待我之民族」。但是為什麼不能訓練出一些像藺相如、晏嬰這種不辱使命的外交人才，至少在尊嚴上，扳回一些呢？

真正的自由是不想做時，有不做的自由

我父親有寫日記的習慣，但是都沒有保留下來，每一年除夕祭祖後，燒金紙時，他會把這一年的日記丟進金爐中燒掉。因為他說寫日記的目的是檢討自己：有沒有與朋友交而不信乎？為人謀而不忠乎？所牽涉到的都是比較私人的人和事。一年過後，事過境遷，這些就沒有保留的必要。心若能像雁渡寒潭、風來疏竹，不留影、不留聲就不會有煩惱。他也告訴母親，妯娌間的閒話像水上寫字，不要記在心上。人若做得到每天雲淡風輕，沒有雜念縈繞心頭，日子就會過的飛快，所以他與母親都活到九十高壽。

他也要求我們寫日記，每晚要我們「吾日三省吾身」，但是我們都沒有學到他事過心空的涵養，所以我們的日子常有煩惱。

最近我想把父親生前用的大書桌捐去給有用的人，在整理書桌抽屜時，發現一本父親的日記。那是因為他臥病台大醫院，未及過年便過世，所以日記沒有燒掉。父親過世後，母親不准我們動父親的遺物，所以這本日記一直躺在抽屜中過了十幾個年頭。如今看到它，我和妹妹都雙手發抖，不知該不該打開來看，還是遵循父親的慣例，在祭拜後燒掉。我寫信問了在美國的姐妹，最後決定留下給子孫作紀念，因為日記是父親思想的紀錄，它是言教，應該保留。

我戰戰兢兢打開日記，第一頁便是父親的親筆字：「真正的自由是不想做時，有不做的自由。」我立刻想起小時候他教我們的：人要勤儉，勤能有餘，儉則無缺，有餘無缺就不必向別人開口借貸，就不必低頭委屈自己，求人不如求己，求財不如勤儉，求福不如修身……，這些話就像唱歌一樣，從腦海中不斷地湧出來。

原來父母的教誨是不管你聽不聽，它都會根深柢固留在你的腦海中。神經科學的研究是對的，進入大腦的東西並沒有去掉，它只是存在長期記憶的某個角落，等待適當的時機來提取。對的線索一來，整串提出，好似端午節開鍋取粽子。

許多話，當年聽了並不了解，我就很想不透為什麼人生要活得這麼辛苦，日子已經還算過得去了，為何還要每天起早睡晚、省吃儉用……。由於對父親的尊重，我們不敢多問，只能每天照著做，不惹他生氣或失望。

直到現在我退休了，靠著退休金過活了，我才明瞭為什麼年輕時，父親要我們不但努力工作，還要把物質欲望壓到最低，因為只有這樣，老時才有不做不想做的事情的自由。

人老了，沒有力氣工作時，如果頭上沒有屋頂，米缸中沒有米，銀行中沒有存款，會心生恐懼，而心安是過日子的基本要件。孔子說，老時要「戒之在得」，看到現在很多檯面上的人物晚節不保，背叛他們自己曾經說過的話，就很感謝父親當年的堅持和教誨。現在回頭看，人到晚年，才了解不做自己不願做的事有這麼重要！

不受偏見挑撥

因疫情嚴峻被困在家中讀書時，偶然讀到一篇短文，說一九六八年拍攝《浩劫餘生》（*Planet Of The Apes*）這部電影時，扮成黑猩猩和大猩猩的臨時演員休息時是自動隔離的。他們本來是朋友，但是穿上戲服後，就產生「我們」和「他們」的區別，兩組靈長類雖然都是人扮的，但是卻涇渭分明，自動分開來坐，分開來吃飯了。這個我／非我的區分之心很可怕，因為有的時候是不自覺的。

我因為有法律和心理學的背景，曾在美國一家法律顧問公司做過短暫的事。他們要找會做實驗的人，去測陪審員是否有隱性的種族偏見。因為美國法律是陪審員制，陪審員的公正無私關係著被告的生死。我的做法是給陪審員看螢幕上出現的相片和字，請他們盡快的按鍵，測反應時間。相片有白人和黑人兩種，字也有正向（如誠實）和負面（如欺騙）兩種。假如這個人有種族偏見，那麼他看到「黑人－誠實」時，反應時間會比看到「白人－誠實」時慢一點，因為這跟他內心的認知不符，這時被告的律師可以請求換掉這個陪審員，因為他有潛意識的種族歧視。

後來有了核磁共振可以看到大腦內部活化的情形後，更發現，給白人看螢幕上快速閃過的一張陌生黑人的臉，他處理恐懼情緒的杏仁核就活化起來了。五十毫秒是短到連大腦辨識面孔的梭狀迴（Fusiform gyrus）都來不及活化，但潛意識看到了——對方是黑人，黑人就是要搶我錢的，杏仁核就亮起來了。這個實驗給白人看白人的臉時，杏仁核不會活化，給黑人看白人的臉時也不會，所以結果的意義不言自明。

台灣的政客利用人性這個區分敵我的偏見去挑撥族群和諧，因為有分裂才有機可圖，使得過去六十年的本省／外省融合毀於一旦。最近又為疫苗造成全民恐慌，因為有恐懼才有錢可賺。其實社會是個很脆弱的組織，很容易被偏見所撕裂，台灣這麼小，我們是同島一命，沒有誰陪誰坐牢之事。*

在疫情緊張的當下，我們不能再容忍事實被掩蓋、證據被否定、真理被扭曲了。社會的包容是有限的，哲學家卡爾．波普（Karl Popper）爵士說，我們不應該以包容之名，去包容那些不值得包容的人。

政府不仁，以百姓為芻狗，窮人弱勢者的命不是命，哀哉！

＊編按：二〇二一年五月，新冠肺炎的感染人數在某幾個縣市突然上升，政府為了不讓疫情擴散，五月十五日宣布在人口密集的雙北將警戒升至第三級，規定國人出門一律要戴口罩、餐廳不准內用，隨即出現「全台陪雙北坐牢」的言論。

重量不重質的閱讀怪現象

差不多二十年前，政府用公權力來推動閱讀，短短一年的時光，小博士、小狀元紛紛出籠。有一次，某校長邀我去參加閱讀成果發表會，並頒獎給這些小博士。有一個二年級的小朋友讀了九百本書，書堆起來跟她的身高一樣，真是「著作等身」。在典禮開始前，我看她很緊張，在台上發抖，便想用閒聊方式來替她舒壓。我指著桌上那些琳瑯滿目的繪本，問她最喜歡哪一本？她搖搖頭答不出來。我拿起最上面一本說：來，講個故事給老師聽！告訴我這本書在講什麼？

那時正好哈佛大學的史諾教授（Catherine Snow）發表了研究報告，認為說故事給同學聽是最好的驗證閱讀效果的方法，因為說故事時，動用到詞彙、故事結構、邏輯順序及孩子對故事的解釋，所以我也想試一試。看到這孩子仍是搖頭，我就說，老師很想聽你說故事耶，這麼多本書，你隨便拿一本講給我聽好嗎？這時她突然大哭起來，告訴我她一本都沒讀過，是她媽媽叫她抄學習單，把書名、作者、出版社都抄上去，然後抄一句「佳句摘錄」，再在紙頭旁邊的空白欄隨便畫一張圖交上去就好。因為老師並沒有拿著書去核對圖有無對應故事，所以她媽媽每個禮拜天都帶她去市場樓上的社區圖書館抄學習單，一天可抄二十多本，但是她自己一本都沒看過。

我聽得目瞪口呆，竟有父母為著小博士的虛榮，不擇手段要孩子做假，做了最壞的榜樣。我把老師和家長都找來，想不到家長不但不認錯，反而當場打孩子一個耳光，罵她多話。最後，校長以孩子臨時身體不舒服，先行離場為理由，獎盃沒有發給她，但也沒有說為什麼，以保留孩子的顏面。這是我對台灣閱讀重量不重質的方式很不以為然的原因之一，我跟老師說，不要寫學習單，不要把閱讀變成功課，要鼓勵學生講故事給別人聽，孩子一定要懂，才講的出來，尤其在二十一世紀，能夠正確表達自己的意思很重要，空有滿腹經文，口不能言，也是枉然。

另外，公家買書給學校的弊端更是令人痛心疾首，因為我曾經和信誼基金會的張杏如執行長、遠流出版公司的王榮文董事長坐在教育部購書委員會中。我們都為政府終於要撥款買書給小朋友看了而相當興奮，想不到政府有個最低標的政策，我們所開的書單都不能購買，因為好書比較貴，能夠買的是不到一百元一本的爛書，我看到「減肥十八招」這類一本五、六十元的書時，真是大吃一驚，這種書不值得看，傷眼還費神。可恨負責買書的南部某校長大言不慚的告訴我，這是行規，叫我不要興風作浪。幸好這個情形在九二一地震餘款成立閱讀協會後，改善了很多，現在買共讀的好書已經形成風氣，學生應該有好書可讀了。

這是二十年前的怪事，台灣有在進步，只是速度太慢。孩子的學習和成長都不能等，請問在這二十年間，又有多少孩子，因為政府的蹉跎，沒有讀到好書就畢業，進入社會去工作了呢？沒有閱讀習慣的孩子，他一生是不一樣的。

去私心，計利當計天下利

聯想力是個很奇妙的東西，一個字，一個音符，一個味道都會勾起一連串的回憶，像瀑布一樣，一瀉千里，停也停不了。

前一陣子長賜輪卡在蘇伊士運河動彈不得，我看到「蘇伊士」三個字，腦海裡便浮出小學國語課本裡法國人李希浦（Ferdinand Lesseps）開鑿蘇伊士的故事，也浮現父親聽到我在背「李希蒲大騙子，你要餓死我們嗎？」的課文時，皺著眉頭，不以為然的表情。

父親說，開運河不是等閒之事，成語「信口開河」，就是形容一個人不負責任，隨便承諾他根本做不到的事。運河對民生很重要，因為水有浮力，可載重貨，是最便宜的運輸工具。中國以前每年漕運就達四百萬石，隋煬帝在歷史上被罵為昏君，但是他開了永濟渠、通濟渠，造福了缺糧的北方百姓。唐朝皮日休的詩說：「應是天教開汴水，一千餘里地無山。盡道隋亡為此河，至今千里賴通波。若無水殿龍舟事，共禹論功不較多。」他把隋煬帝開運河跟大禹治水相提並論了。

我在美國讀研究所時，有位同學來自紐約州北部的水牛城，他跟我吹噓伊利運河（Erie Canal）的偉大，說五大湖甚至加拿大南部的貨物，都通過哈德遜河運出了大西洋，成就了今日紐約市的商業金融地位。我一聽它才五百八十四公里就笑起來，隋煬帝的大運河可是二千七百公里，而且早了一千五百年，那才是真正的了不起。不幸的是，挖運河勞民傷財，結果「隋亡為此河」了。

自古聖賢多寂寞，因為大部分人短視，只顧眼前（不然怎麼會有「飲鴆止渴」的成語？）其實秦始皇、隋煬帝有勇氣去做他們認為必須要做的事，很不容易。只因歷史是後人寫的，人為了替自己行為的正當性找理由，就盡力抹黑前朝，近來殷墟的考古發現，殷紂王可能不像史書說的那樣無道，因為當時人口增加，社會富足，商民似乎沒有生活在水深火熱之中，要勞周武王來伐紂，替天行道。

執政者除了有魄力，還需要懂得做事的方法。春秋時，楚莊王要把馬車的底盤提高，以利戰爭，孫叔敖勸楚王暫緩下令，由他先宣布：天象顯示，不久會有大雨。老百姓聽了，便把家的門檻增高來擋水。門檻高了，馬車進不來，人民就自動把車子底盤加高，達到楚王的目的了。司馬遷在《史記・循吏列傳》中，把孫叔敖放第一位，可見孫叔敖在他心中的地位。

台灣現在弊病叢生，其實不是沒有人看到病源，也不是沒有人指出解方，而是選舉頻繁，政客為選票，不願去做不能馬上立竿見影的事而已。看到以色列不下雨，卻不缺水，沒有石油，卻不缺電，我們的降雨量是全球的二・五倍，卻水電均缺，叫老百姓怎能吞得下這口怨氣？

古人說，「計利當計天下利，求名當求萬世名」，去私心，選賢與能，沉痾自然能起，把養網軍的錢拿來施政，政府不必大力宣傳，人民自然有感。

要使人們聽到「台灣」就產生幸福的聯想其實並不難，台灣原本就是個「寶島」啊！

樹若不動，風又奈何？

國外的朋友來信問：什麼叫網軍？為何可以左右社會的輿論？這是民進黨執政後的新名詞，人們為什麼怕它？一言難盡。

心理學有一個學門叫「社會物理學」即從原子的觀點來看人的行為，他們認為每個人都是自由個體，可隨意採取行動，但集合在一起後的群體行為則是可預測的，例如高速公路上的幽靈塞車。我們常碰到沒有任何交通事故，公路卻壅塞綿延數英里，但突然之間，擁擠消失，車子又恢復正常行駛。

原來，當公路上車子愈來愈多，車間距離愈來愈短，最後到達臨界點時，只要有一輛車踩剎車慢下來，後面的車就只能慢下來，一個龜速的車隊就形成了。因此一個表象複雜的社會行為，背後的原因可能很單純。

朋友曾傳給我一張網軍工作場所的圖片，不難想像他們如何去主導風向。一群二十多歲的年輕人坐在電腦前面，兩邊架子上是數百個手機。他們依上級指示，編出幾千條假訊息傳到不同手機上，利用網路的匿名性，去攻擊抹黑指示的對象。當老百姓從不同群組中，接受到相同的訊息時，他們傾向相信，因為不可能數百人都同時犯錯，當他信以為真，又轉發出去時，風向就形成了。其實眾口爍金（如逼迫大阪辦事處處長自殺）非常簡單，因為人有從眾的弱點。

在一個視覺判斷的實驗中，正確的答案跟錯誤的有顯著的差異，所以不太可能犯錯。但是實驗者安排了五個假受試者坐在真的受試者旁邊，當五個人一致的指鹿為馬時，真的受試者會動搖信心而改變他的判斷。因為當他的答案跟別人不一樣時，他大腦的錯誤中心會活化起來，發出警報，告訴他，槍打出頭鳥，與群眾的反應不同是危險的，使他因不安而修正他的答案。所以人在團體中，會下意識的檢視自己的行為，想辦法和別人一樣。更可怕的是一旦修正後，他右腦頂葉內側溝負責空間辨識和知覺的地方會活化，他會真的去改變原來的看法，來使內心的認知平衡。

那麼，人為什麼喜歡共識？因為和諧、被人肯定，會使大腦中的報酬迴路活化，啟動多巴胺通路。這個和諧的力量，有時會高過原本的堅持。美國南北戰爭時，南軍的路易斯．阿米斯泰德（Lewis Armistead）將軍受傷倒地，他做出了共濟會的祕密手勢，希望有人救他。果然一個北軍的軍官看到了，立刻護送他去北軍的野戰醫院，因為共濟會的兄弟誓言高過政治立場；二次大戰時，德軍的瑞奇．克萊普（Heinrich Kreipe）將軍在克里特島被英軍綁架，他在看到遠山的積雪時，不自覺吟出了賀拉斯（Horace）的詩，旁邊的英軍司令帕崔克．弗摩爾（Patrick Leigh Fermor）聽到接了下去，兩人因賀拉斯的詩而惺惺相惜，克萊普得以安全活到戰爭結束。

所以網路鋪天蓋地的匿名攻擊，加上人有從眾的弱點，不敢站出來反駁，使得網軍益加猖狂。但是政治上的藍綠可以區分你我，手握疫苗大權的人可以見死不救，共飲長江水之同胞情卻必須要超越政治的操弄，因為政治是一時，名聲卻是永久的。世間花無百日紅，載舟的水也可以覆舟。

我回朋友的信，網軍不足懼，樹若不動，風又奈何？

抵抗酸言，忍人所不能忍

國際比賽，尤其那種會升國旗、播放國歌的競賽，最能凝聚國民的向心力，四年一度的奧運會就是箇中翹楚。它是人類體能的極致表現，每一屆的成績都讓人以為這就是頂點，只有天在上，不能更高了，但是下一屆必然有人會打破它。球類的比賽更是除了鬥技還要鬥智，每一球都讓全民看得熱血沸騰，它的魅力連堅持紀律的父親都讓我們半夜爬起來看金龍、七虎的少棒比賽，可見一斑。

一個運動員的養成除了天賦，還要有後天支持及其本身鍥而不捨的堅持，沒有任何一種教育方式比運動對孩子品格的培養更好的了。一個真正的運動員是德智體三育俱全的人，尤其在「忍」上。他們要忍常人所不能忍的事：要忍得住每天無止盡的操練，要忍得住某些食物的誘惑，還要忍得住比賽後網民的譏諷。當我看到這次中華小將對某些網民的批評說：「等我賽完再回應。」真的很感動，因為酸言酸語會打擊選手的志氣，要抵抗它，使不影響出賽成績，需要超乎尋常的意志力，一般人太容易受到情緒的暗示了。

有一個實驗是請德國的大學生在房間中慢步五分鐘，每一分鐘只能走三十步，這是一般大學生步伐的三分之一，然後請他們辨認電腦上一閃而過的單字。結果發現他們對跟「老」有關的字如：遺忘、寂寞、皺紋等，辨識比較快。這是因為假如你的動作像老人，這個緩慢會潛意識地活化你對老的概念，就加快了跟老有關詞彙的辨識。

這種效應強烈到可以把這個實驗倒過來做：先請學生看一些跟老有關的詞彙，然後測量他們從走廊一端走到另一端的時間。結果發現，那些看禿頭、白髮等字的學生，走得比看中性字組來得慢。

這些學生都說，他們沒有注意到字串中有關於「老」的字，也都堅持「老」的念頭，從來沒有進入他們的心中，但是字促發意念，意念又促發行為的「意念動作效應」，卻真的使他們的行為變慢了。所以在出賽前，打擊選手的銳氣是很不應該的（套句現在流行的網語就是「不愛台灣」）。

左宗棠西征時，曾與一個在門口掛著「天下第一棋手」的老者賽棋，結果他連贏三局，非常高興，趾高氣昂去出征。等他收復新疆班師回朝時，又看到了這個老者，於是再進去下三盤，結果三局皆輸。老人解釋說：「出征前，我要讓您贏，因為我不可挫主帥的銳氣，現在您凱旋歸來，我便不再客氣了。」選手們是冒著疫情出去為國爭光（東京每天確診人數上千名），爭的是你我共同的國家的光榮，任何人都不應該在賽前打擊他們。

奧運選手的機智、聰敏、反應速度、自律性是我們都比不上的，除了教練，沒有人有資格批評他們。過去，我們甩不掉「東亞病夫」的陰影，每次比賽都是出去「觀摩」。現在我們的信心建立起來了，開始嘗到金牌的滋味了，希望政府大力培養年輕人，讓他們在國際上揚眉吐氣。說實在，要讓別人看得見，還有什麼比在競技場上升起國旗、奏出國歌更有可見度呢？

聆聽同溫層之外的聲音

最近疫情緊張，大家不能出門，又回到了二〇二〇年居家隔離的日子。無聊之下，找到一本書《群眾的智慧》（*The Wisdom of Crowds*），作者說，群眾並不是比專業的人更聰明，而是集思廣益的關係。立場不同的人，看法不同，匯集不同意見後，考慮就比較周延，所以在去除兩端的偏極意見後，群眾的平均判斷值會比單一個人的好。

其實這個現象，高頓（Francis Galton）在一九〇六年就發現了（他實在是個很有觀察力的科學家，可惜別人都只說他是達爾文的表弟）。他在農村嘉年華會的猜牛體重比賽中，看到雖然有人猜太高，有人猜太低，但是把七百八十七名參與者猜的數字全部平均起來時，竟然最接近這頭牛的實際重量，比農夫或屠夫猜的還要準。也就是說，團體會比團體中最聰明、最專業的人還聰明，這就是為什麼三個臭皮匠會勝過一個諸葛亮了。

三十年後，心理學家史初普（John Stroop）用實驗證明了高頓的觀察：他請學生去估計一組非常相似物體的重量，要他們按重量排序。第二天，請他們再做同樣的事（有人連續做了五十次），然後算他們的正確率。因為這些物體外表象似，所以受試者記不得昨天的排序，因此每一次的排序都是一個獨立事件。結果發現群組的平均比個體準，而且同一個人的平均也比他自己每一次的更準。

最近有位心理學家請學生猜美國的機場數占世界的百分之幾（答案為三三％），然後請他們從平日跟他們唱反調的人的立場再猜一次。第二次猜的當然跟第一次很不一樣，但居然比較接近正確的答案。如果請他用跟他很麻吉的人的立場去猜時，這效果就消失，原來這就是「同溫層效應」，只聽同一種意見是很危險的。

我們做判斷時，因資料不足，常有很大的不確定性，若有愈多的不同意見，就愈能得出整體概念，而做出正確的判斷。那些所謂超級預言家並非有什麼神力，而是他們能廣納不同的意見，整合出最可能情況來。林肯總統當年組織「敵對內閣」（team of rivals）就是這個道理，如果與會者的意見都跟你一樣，那麼你就不必找他來開會了。

細想起來，這次疫情死灰復燃，讓我們又陷入恐懼之中，不就是當權者不肯採納「非我族類」的意見造成的嗎？

光身教不夠，大環境也要捍衛

一位遠房表姐來跟我抱怨她孩子種種不孝，我聽著聽著，突然覺得這些話好耳熟，原來這正是多年前她婆婆說她的話。

我母親常說：孩子不會按照父母想的那個樣子長大，而是會按照父母本身的那個樣子長大，你怎麼對待你的父母，你的孩子將來就會怎麼對待你。在一九七七年實驗顯示孩子模仿的天性之前，我們都忽略了他們這個無比的學習能力，原來俗語說的「龍生龍，鳳生鳳，老鼠的兒子會打洞」不是只有基因上的關係，還有很多是父母平日在孩子腦海中留下的影像。

這個實驗是對一個剛出生才四十分鐘的嬰兒吐舌頭做鬼臉，沒有想到這麼小的嬰兒就跟著做了。這篇登在《科學》（*Science*）期刊的論文震驚全世界，父母才曉得原來模仿是孩子學習最自然、最不花力氣的方式，而且一出生就在運作。這個神經機制十五年後找到了，就是有名的「鏡像神經元」（mirror neurons），當父母在孩子面前抽菸、喝酒，做出罵三字經、說謊欺騙、動手打人等不良行為時，孩子都看在眼裡，最後回報到父母身上。

研究更發現，三歲時每個月被打一次的孩子，五歲時打人的機率比別人高二倍。一個從來沒有被打過的孩子是不會去打人的，但是一旦他在家中被打過後，他在學校就會去打別人；又如有個三歲的孩子在幼兒園午覺起來心情不好時，會去摔別人的杯子，老師屢誡不聽，最後詢問孩子家人時，老師才發現孩子父母吵架時，母親有摔東西的壞習慣，而且都是摔別人的東西。老師很驚訝的告訴我，她沒想到這麼小的孩子觀察力竟然這麼敏銳，模仿的效果這麼強。

我們擔心現在政治人物信口開河、指鹿為馬、頤指氣使，不尊重別人的種種壞榜樣會讓孩子有樣學樣，學壞而不自知。這個擔心並不是無的放矢，最近美國大選揭曉，有線電視台（CNN）訪問美國著名的新聞評論家范瓊斯（Van Jones），想不到他竟在電視機前流淚，哽咽的說不出話來。照說一個資深的新聞從業員是要能克制情緒的，范瓊斯的失態讓很多人吃驚。這一段視頻也在全世界各個電視台播放。他為什麼會這麼激動？看了下面他說的話，大家就明白了。

「今天對很多人來說是個好日子，因為今天早上做為一個父母容易多了（It's easier to be a parent this morning），因為你可以告訴你的孩子品格是重要的（character matters）、誠實是重要的（the truth matters）、做一個好人是重要的（being a good person matters），因為今天我們知道拜登（Joe Biden）會是我們下一個總統而非川普。」

他的話引起很多人的共鳴，在川普執政時，父母的確很難管教孩子，每次告誡孩子不可以這樣，他們就會反駁說：「為什麼總統可以，我不可以？」

表姐走後，我久久不能回神去做別的事。中國人常說「養子不教誰之過」，除了父母的身教，大環境也很重要。有的時候不是我們不教，而是我們無力去抵抗社會貪婪的潮流風氣。范瓊斯的話提醒了我們，父母不但時時要做孩子的好榜樣，還要能挺身而出，捍衛正確的價值觀，導正社會的不良風氣。

闌尾不是廢物，中計生氣沒必要

當疫情突然加劇，在沒有疫苗可打的情況下，不接觸是保命唯一的方式。大家都不敢出門，學生說他們終於了解古代女性大門不出，二門不邁的感覺；我則感受到圍城斷糧的恐慌，因為平日買菜的市場中了鏢，不敢去交易，幸好有朋友家裡務農，三不五時送點蔬菜給我救急。

一天她打電話來說，三分鐘內送菜到我家，我便立即下樓去等。沒想到等了十分鐘，她才氣吁吁趕到。原來有個學生打電話向她哭訴，因疫情關係，學生焦慮、憂鬱、自殺的比例上升，她不敢大意，立即停下車來聽她講。

她告訴我說：這個學生在臉書上替民間找疫苗的熱心團體按讚，結果被攻擊，還被罵是「闌尾」。闌尾是身體中沒有功能的部位，不及時開刀還會送命，所以她非常憤怒，哭說平生不曾受過這麼大的侮辱。因為隔離期的學生很衝動，一點小事就想不開，所以朋友安撫了半天，故爾來遲。

我聽了不禁嘆氣，這是小事，人生比這個大的挫折多的是，苦等不到疫苗就是一例。不過眼前要平息這個學生之怒，最好方法是讓她了解闌尾其實很重要，罵的人沒知識，不必在意。

闌尾是個免疫器官，裡面有大量的淋巴組織，儲存了很多對人體腸道有益的細菌，還會分泌各種促使腸子蠕動的消化酶，和跟生長有關的激素。當我們服用抗生素把腸道菌都殺死時，闌尾會重塑腸道的健康，維持我們腸道中微生物的平衡。研究者在五百三十二種哺乳類的盲腸中發現，只要這種動物有演化出闌尾，它就沒有在演化的長河中消失，闌尾淋巴組織數量愈多，牠們的健康愈好，存活率愈高。闌尾完全不是廢物，而且急性闌尾炎是闌尾中的梭桿菌門（Fusobacteria）引起的，不是闌尾本身的錯，就像急性腦炎會死，但不是大腦的錯，是病毒的關係，平日有知識就不會中計去生氣了。

在羅馬是否該行如羅馬人？

朋友轉來谷歌印裔CEO演講的影片連結，問：美國科技界有成就的華人很多，為什麼任CEO的這麼少？

這也是我不解的地方，華人子弟在各專業領域都很傑出，美國律師事務所有一％是亞裔，但是只有三％是老闆；醫院裡的華裔醫生很多，但擔任院長的很少；華裔大學教授很多，擔任校長的屈指可數；二〇一七年美國五百大企業中，亞裔的CEO只有十六位，但其中花旗集團、谷歌、微軟、百事可樂、萬事達、英特爾等的CEO都是南亞（印度、巴基斯坦、孟加拉）裔的，東亞（華裔、日裔、韓裔）的不多。我們的智商不輸人，為什麼華人擔任領袖的不多呢？

MIT史隆商學院最近做了一個美國亞裔在升遷時，遭遇「竹子天花板」（bamboo ceiling，即亞裔人士在職場中受到的隱形窒礙）的調查。在排除溝通的語言能力後，他們歸納出三個可能的原因：偏見、動機和做事的果斷性（assertiveness）。

在偏見上，東亞和南亞感受到的種族歧視差不多；在動機上，東亞、南亞和白人一樣高，但是在自信心和果斷性上，東亞比南亞和白人整整矮了一半。

的確，印度人很會銷售自己，也很會搶功，更會辯論。二〇〇五年阿馬蒂亞·森（Amartya Sen，一九九八年諾貝爾經濟獎得主）寫了一本書：《好辯的印度人》（*The Argumentative Indian*）承認印度人好辯，說他們的文化有爭辯（argumentation）和辯論（debate）的傳統。若有印度人在場，你會知道，因為他會聒噪到你覺察他的存在。但是我們的文化就不同了，中國人講究謙虛、圓融，以和為貴。歷代聖賢所教的處世方式是：「木秀於林，風必摧之；堆出於岸，流必湍之；行高於人，眾必非之；凡事退一步，海闊天空。」所以我們雖然也是「學成文武藝，賣與帝王家」，態度卻是「良賈深藏若虛」，忘記了西方社會是講究現實（practical），他們的文化是會吵的孩子有糖吃，會吱叫的椅子才會點到油。

美國把亞裔稱為「少數民族典範」（model minority），刻板的印象就是勤奮好學，奉公守法，與世無爭。因為不會爭，論功行賞時，亞裔就變成介之推，老闆像晉文公一樣，把他的功勞給忘了。

現在想想，「數典忘祖」對海外的華人來說，不但不是罵人的話，恐怕還是必要的。在羅馬，就得做羅馬人做的事，要出人頭地，要光祖耀宗，就得先忘記祖宗的教訓。這也算是生存下的無奈吧！

靠山山倒，靠人人跑

朋友打電話來說：自從電視播出喀布爾的難民爭先恐後想逃出阿富汗後，她父親便開始囤積糧食，每天都去買米回來，有時還加罐頭，阻止也阻止不了，她問怎麼辦？

我知道她父親是大陸淪陷後，從雲南逃往緬甸，再經泰國輾轉到台灣來的，相信他在逃亡的路上一定吃過苦，挨過餓，所以現在看到逃難潮，想起以前的餓，就怎麼買都不夠了。

我跟朋友說，孝順是「順」最重要，你讓他買，把米堆在他眼睛看得到的地方，讓他安心。焦慮很傷身體，都九十歲的老人了，還能買多久呢？米以後再轉送孤兒院就是。

放下電話，我很傷感，老百姓要的不多，就是一個安定的生活而已，為什麼連這麼卑微的心願都求不到呢？戰爭的可怕是它的後遺症一輩子都抹不掉。

我在加州大學時，實驗室有一個助理是越南人，有一天，一個垃圾桶不小心掉到地上，發出巨響，他立刻雙手抱頭直接趴到地上，速度之快，令人驚訝。他站起來後，很不好意思的說：「本能反應」。我沒有想到西貢都淪陷九年了，他還會這樣，戰爭對人的烙印又豈是貪婪政客們所能想像到的呢？

要生存，唯有自立自強

戰爭對人性的摧殘是二次世界大戰後聯合國成立的主要原因，目的是使人類永遠不要再為紛爭而開戰。可惜它並不能阻止人類的野心，到現在七十多年了，戰爭仍然不斷，只是沒有到世界大戰的程度而已。

現在的年輕人沒有經歷過戰亂，好像不太知道戰爭是怎麼回事，在一個訪問街頭年輕人的短片中，記者問：「願不願當兵？」答：「不要。」問：「為什麼？」答：「我想活久一點。」問：「敵人來了怎麼辦？」答：「逃啊。」我聽了好笑，逃到哪裡呢？像阿富汗人一樣求美國人帶走嗎？

或許我們都太過保護年輕人，捨不得讓他們知道生活的真相，也沒有告訴過他們祖輩逃警報、躲防空洞的苦難，使他們以為人生都是酒與玫瑰的日子，無法體會流離失所，何處是兒家的辛酸。

民心的向背決定國家的存亡，不知阿富汗的慘狀有沒有讓我們看到「靠山山倒，靠人人跑」的可怕？自立自強是生存唯一的方式，但願囤糧備戰的日子永遠不要再發生在人類的歷史上。

危機生智慧，挑戰使人覺醒成長

之前一位在醫院做護理長的學生來信說：「老師，我今天才了解您以前說『父死路遠，母死路斷』的意思。今天我嫂嫂叫我不要回家過端午節，免得親友不敢上門。這個藉口太差了，第三級警戒根本不可以群聚。其實我本來也沒回家過節的打算，但是這樣被勒令不准回家，令人沮喪。去年我爸過世，今年哥嫂當家，果然我回家的路就遠了，若繼母當家就更不要說了。想想連自己親人都如此，就難怪別人怕死我們了。」

當時我看了很難過，因為那時沒有疫苗可打，人們對確診的焦慮和恐懼已經到了抓狂的地步，而焦慮和恐懼又會滋養憎恨和懷疑。美國爆發嚴重的「黑人命也是命」（Black Life Matters, BLM）以及「反歧視亞裔運動」就是一例。

種族歧視和省籍分化一樣，一經煽動，它像春草，更行更遠更生。

小時候，曾聽老人家說：「人生在世，有三不能笑：不笑天災，不笑人禍，不笑疾病；立地為人，有三不能抹黑：育人之師，救人之醫，護國之軍。千秋史冊，有三不能饒：誤國之臣，禍軍之將，害民之賊。讀聖賢書有三不能避：為民請命，為國赴難，臨危受命。經商創業，有三不能賺：國難之財，天災之利，貧弱之食。」

一句關心的話，就能減壓

此外，在國難時，執政者和知識份子更要謙卑，因為前者掌握國家大權，很容易把權力當作能力，把附和當作贊同，把吹捧當作民意；後者更以為自己博古通今，把知識當作智慧，把觀念當作現實，把偏見當作真理。

果然我們現在目睹了執政者剛愎自用，一意孤行的結果，老百姓大量死亡，甚至在送醫途中就死去。屍體不及人殮，白布一裹就送去火化的慘象。

達賴喇嘛說：危機會長出智慧，挑戰會使人覺醒成長。這次最大的覺醒是我們看到了有人為錢，可以罔顧人命，大發國難財；學到最大的智慧是身體的痛苦可以透過心靈來舒緩，但心靈的不適卻無法透過身體來緩解；最大的成長是我們懂了不依靠或相信政府，下次要謹慎投票。

當疫情危急時，我衷心希望第一線的醫護軍警能優先打疫苗（躲在辦公室吹冷氣的政客請讓路），也請大家不要歧視醫護人員的孩子。在這個無奈的時刻，一句關心的話可以降低壓力，讓我們用心靈的溫暖來紓解身體的痛苦，努力活下去。

學習

激發新格局

一百年前，我們都是天才？

「佛林效應」（Flynn effect）的佛林（James R. Flynn）最近過世了。很多人可能不知道他，但是研究智力測驗和美國社會運動的人對他一定不陌生。去年，美國「黑人命也是命」運動時，還有人提起他。

種族是個很敏感的話題，一九六九年加州大學柏克萊教育心理系的簡生（Arthur Jensen）發表了一篇論文，主張黑人和白人智商的差異來自基因，引起了暴動。當年在柏克萊讀書的同學應該還記得學生遊行並包圍簡生的家、放火燒他房子的事情。佛林那時已經換到紐西蘭去教書了（他是美國白人，芝加哥大學的博士，原在威斯康辛的大學教書，因他反種族隔離政策，不容於當局，一九六三年被迫出走紐西蘭），但是他直覺的認為這個結論有問題，便去做研究。結果發現簡生犯了一個錯——他假設智力是不變的，因為一百年來，智力測驗的分數都很穩定。但是其實每十年，智力測驗會做校正。如果用原始資料來看，智力測驗的分數是每十年增加三分。也就是說，一百年前的人以現在智力測驗的標準來看，他只有七十分，在智障的邊緣；而把今天智力測驗的分數用到一百年前的常模上，我們都是天才，是一百三十分。

他知道這不可能是基因的關係，因為基因的改變不會那麼快，我們的祖先也絕對沒有比我們笨。他認為這個差異來自科技的進步，導致教育重視抽象的思考、符號、類比和複雜邏輯的應用，而這些正是智力測驗測量的項目。

他在一九八四年發表了這個研究，但當時並沒有引起太多人的注意。一直到一九九四年，哈佛大學赫恩斯坦（Richard J. Herrnstein）和墨雷（Charles Murray）出了一本《鐘型曲線》（*The Bell Curve*）的書，認為基因在智力上扮演主要角色，又引起風暴時，人家才注意到佛林的發現，把它稱之為「佛林效應」。

現在大腦科學的研究已經知道，智力是先天和後天的交互作用，族群在智力測驗上的差異不在基因上而在文化上。例如給小朋友看①cup（杯）、②saucer（盤）、③spoon（小湯匙）三張圖，請他們把相關的圖放在一起。美國的孩子會選①和②，中國的孩子會選①和③，因為我們喝茶，底下並不墊個小盤子，但是我們泡牛奶要用個小湯匙攪拌。

另外，美國注意力缺失／過動症（ADHD）白人兒童比黑人高了十倍，賓州大學的學者知道這不可能是基因的關係，深入研究後，發現原來白人孩子功課不好，老師會寫條子叫父母帶去給醫生看是不是ADHD；而黑人孩子功課不好，老師會認為黑人本來就笨，功課不好是常態，就不會去寫條子。歧視是個很可怕的怪獸，一旦進駐你的腦海中，千軍萬馬趕不走，種族歧視造成的悲劇是這個時代最大的悲劇。

佛林令人敬佩的地方是，他雖然跟簡生和墨雷學術意見不同（赫恩斯坦一九九四年就過世了），但是當他們被攻擊是種族主義者時，他挺身而出，護衛他們。他堅決主張每個人都有表達他意見的自由，假如你不同意我，請你跟我辯論，請用數據來說服我。他的離世我很難過，因為像他這樣的人，現在已經很少了。

不做決定就是一個決定

對一本書來說，書名很重要，取得好，有畫龍點晴的作用。《造局者：思考框架的威力》這本書的名字就取得很好，一看就知道是在講思考方式的重要性；而英文名*Framers: Human Advantage in an Age of Technology and Turmoil*更讓讀者明瞭，在科技和動盪的時代，人類的優勢在哪裡。作者顯然知道「優勢」這兩個字最能打動讀者的心，因為人們追求的就是優勢。

那麼人類的優勢在哪裡呢？「電腦懂運算，人腦懂想像」，人類的優勢在創造力，沒有思考就沒有想像力，就沒有創造力出來。被尊為科幻小說之父的凡爾納（Jules Verne）曾說：「凡是人類所能想像之事，必定有人能將其實現出來。」我們現在所享受的很多科技發明都是前人跳脫框架，想像出來的結果。

人類的一切行為來自起心動念，神經學的研究告訴我們：大腦產生觀念↓觀念引導行為↓行為產生結果↓結果改變大腦，它是一個cycle。人每天都不停的在做決定，丹麥的哲學家齊克果就說：「不做決定本身就是一個決定。」既然每天都在做決定，人就必須要學會如何做出一個有智慧，不讓自己後悔的決定。

從另一個方向來思考

這本書和其他談論決策理論的書最大的不同，也是最大的優點，就是書中每一個框架都有一個以上的例子來說明該如何正確的去使用它以解決問題。目前坊間尚沒有一本書像本書一樣，把理論／陷阱講的如此透澈。

很多讀者會為「心智模式」這個名詞而縮手，以為是認知科學講大腦的東西。其實心智架構、框架、典範，或是哲學家鄂蘭（Hannah Arendt）的「立場」，都是我們日常生活中說的「觀念」。觀念是思考的架構，解決問題的基點。當作者說「跳出這個框架」時，他的意思就是要你從另一個方向來思考。

我很高興作者說思考是有限制的，因為很多父母不敢管教孩子，怕會限制他的創造力。其實實驗早已證明這是一個迷思。我們常常以為是紅綠燈使交通阻塞，其實一旦沒有了紅綠燈，交通立刻打結，大家更會寸步難行。所以合理的規範是必須的，規範才能使你的思緒有系統的發展。蘇斯博士（Dr. Seuss）那本《綠色火腿加蛋》（*Green Eggs and Ham*）至今仍在書架上熱賣就是因為他被迫只用五十個單音節字去創造一本童書。

書中最可以給讀者啟發的是「最小變動原則」——在危機時，因轉念，蛻變出更好的未來。打掉重塑通常非常昂貴，若能在原有的基礎上，做最小的改革，脫胎換骨，把原產品提升為高品質的產品，便能殺出一條血路。在六〇年代的美國，made in Japan是便宜貨的代名詞，一把日本陽傘九毛九分錢，連一塊美元都不到，但只能用一季就只好丟棄。後來日本慢慢提升它的品質，到八〇年代，made in Japan變成大家爭買的東西。企業有危機時，提升品質是唯一生存之道。現在社會富裕了，只要東西好，再貴也會有人買。最近美國前國務卿龐皮歐（Mike Pompeo）為了一瓶五千八百美元的酒惹上了麻煩，相信酒莊賣一瓶這種酒抵得上一百箱啤酒的利潤。

本書的最後二章，在現在民粹的時代，讀起來特別有感觸。的確，如果我們對所有的不寬容都採取寬容的態度，最後將不再有任何的寬容。

看到最近阿富汗人民逃亡的慘狀，不禁想，如果美國總統在下令撤軍之前，有看一下本書第五章以色列成功救出人質的那一段，學他們先沙盤演練一下，說不定就不會輸得如此狼狽了。

書帶給人智慧，愈是亂世愈要讀書，因為你不知道什麼時候會派得上用場。

串門子也很重要

在街上遇見以前的同事，告訴我她退休了，請我去她家串門子。她的女兒在旁聽不懂，朋友便說：「就是請老師來家玩、聊聊天。」女兒恍然大悟說：「哦，原來是打屁。」朋友立刻皺起眉頭說：「不可以講粗話！」我才發現自己正在目睹語言的變遷。

每個世代都有每個世代的流行語，但是長江後浪推前浪，舊的很快被新的取代。九十年代我剛回國時，台灣流行「卡拉ＯＫ」這個名詞，我卻怎麼也猜不透它的意思，最後問了人，才知道是日本傳入的外來語，意思是樂隊伴唱。

一九九六年，哈佛大學出版社出了英國牛津大學羅賓．鄧巴（Robin Dunbar）教授的新著*Glooming, Gossip and Language Evolution*，我看了很喜歡，便把它引進台灣來。台灣出版社把中文版取名為《哈啦與抓虱的語言》，我看了很不以為然，哈啦是什麼呢？很不登大雅之堂。但是出版社很堅持，因為這本書行銷的對象是大學生，所以一定要用大學生的語言。匆匆二十年過去了，現在哈啦被打屁取代了。難怪她女兒說，聽你們說話，就知道你們是哪個時代的人。

關懷別人可帶來快樂

鄧巴在他的書中強調串門子的重要性，人若能每天見面，別人就無法離間，因為一對質，謊言會馬上被拆穿。他舉狒狒的捉虱為例，動物每天花五分之一的清醒時間在替別人翻毛捉虱子，這是很浪費時間的事，但是替別人梳理就是對牠示好，讓牠接納你成為牠小圈圈中的一員，同時也是對牠宣誓忠誠。研究發現猴子一聽到剛替自己梳理過的同伴求救聲，會立即趕過去支援，但若只是同族的呼救聲，反應就冷淡得多。

但是即使每天馬不停蹄的梳理，也只能梳理有限的幾個人，研究發現狒狒團體不超過五十五個成員，黑猩猩則不超過三十，再大，就分裂了。鄧巴認為人類的串門子就是口語化的梳理，目的是示好和效忠，因為人落單會死亡。人大約一次可以跟三到五人說話（雞尾酒會中，聊天的人數超過五人，就會有人走開），所以人類團體不能超過一百五十～二百人，再多便會分裂。

串門子在這個機器人當道的時代很重要，跟別人接觸，交換眼神和關心，會使大腦產生催產素（oxytocin），讓你一天心情都好。

其實不管用什麼名詞，在任何時代，關懷別人都會帶給你快樂。

了解大腦語言，有效提升專注力

我們常罵孩子做功課不專心，其實這不是孩子的錯，因為專心需要被訓練，如果我們沒有從小訓練孩子專心，他自然就會東張西望，因為這是人求生的本性。在遠古時代，隨時提高警覺，不停觀前顧後的人才活得下來，所以才有人說過動症（ADHD）不是病，他是生錯了時代，生錯了地點。

嬰兒一出生，他的基因中就已經登錄了百萬年來，人類在大自然中存活下來的一些本能，包括眼睛追蹤會動的東西。所以初生的嬰兒就會去看閃動的光點，或搖籃上的走馬燈，因為一個不動的東西如岩石、樹木是不會害你的，但是一個快速對你跑過來的東西，可能會取你的性命。

有個實驗是請大學生坐在類似眼科醫生檢查眼睛的儀器前，頭被固定住，實驗者告訴他：不管發生什麼事，眼睛直視前方，頭不要動，如果保持不動三分鐘後，會有美金五元的報酬；若移動了，不但沒有報酬，還會有微電出來電你的脖子。學生都以為這是很容易的工作，結果一旦電腦螢幕的角落有東西出現時，他們的眼睛一定會轉過去看。這是不由自主的動作，是演化的痕跡。我們了解後，就知道重點不是限制孩子不要動，而是要從吸引他的注意力著手。

注意力是一個放大鏡，使視覺敏銳，讓這個訊息能打敗其他的訊息進入大腦被處理。有人形容注意力就好像我們去醫院看病要先掛號，若沒掛號，裡面一大堆病人，護士怎麼會叫到你的名字，讓你看到醫生？

大腦科學的研究發現，新奇的、有動機、想學的、熟悉的、帶情緒的東西，容易通過注意力這個瓶頸。老師教學只要能引起學生的注意力，學習的效果就會好。加州大學洛杉磯校區（UCLA）的研究者發現，上課時先提問題再教學，效果會好，例如在課堂上問學生芬蘭語的「謝謝」怎麼說？學生都很驚訝，因為還未教到。下課前五分鐘，老師請學生把今天上課教的生字寫出來，結果發現大部分的學生都寫了「謝謝」這個字，原來經過老師的一問，學生在學習時就特別注意，有注意，這個字的印象就比較深，測驗時就寫出來了。

那麼為什麼注意有幫助呢？原來我們眼睛看到的是光波，耳朵聽到的是聲波，進入大腦後都變成電波，這是大腦的語言，神經連接所形成的神經迴路就是我們的記憶。所以迴路愈大條，記憶愈牢靠，回憶出來的速度愈快。

親子共讀可以訓練專注力

可以幫助注意力的，還有一種神經傳導物質叫正腎上腺素，它對新奇事物起反應，維持我們的注意力，提升大腦學習和記憶，使學習更有效率。實驗發現，請學生躺在核磁共振中做數學題目時，他腦幹的藍斑核會活化，分泌正腎上腺素出來使學生專注在解題上。我們學新東西時，瞳孔會放大，正腎上腺素會增多，它是心智活動的指標。知道了這些以後，我們可以從小訓練孩子的注意力，讓正腎上腺素出來幫助孩子學習和記憶。實驗也發現，父母可以從說故事開始，啟動孩子的好奇心，誘導他去思考，反覆的思考可以增加神經迴路連接的強度，這是為什麼孔子說「學而不思則罔」。

因為注意力容易游離，所以孩子在做功課時，不要在旁邊走動，因為會動的東西會使他的注意力離開課本；也不要在旁邊聊天，因為耳朵不能關掉，聲音進入大腦，會跟課本上的訊息競爭孩子的注意力，使他寫錯字（我們在寫信時，若有人跟我們說話，我們會寫錯字；看電視時，若有人打電話來，我們會把電視上的字幕崁進要講的話裡，讓人容易講錯）。

目前發現，親子共讀是訓練孩子專注力最好的方法：孩子喜歡母親把他抱在身上的安全感，對他講話時，被注意的喜悅感以及故事本身的新奇感，喜歡的事他會常做，常做的神經迴路就變大條了。父母可以用這個方法慢慢延長孩子坐著不動的時間，從五分鐘、十分鐘，最後延長到七歲進學時課堂所需要的三十分鐘（因為注意力跟腦幹的網狀結構〔reticular formation〕的髓鞘包覆完成有關，所以父母不要性急），孩子若能安靜坐在椅子上三十分鐘，老師保持每十分鐘一個主題的教學（十分鐘是七歲孩子注意力的上限），他的學習就沒有問題了。

向Bubu老師學教養

讀蔡穎卿Bubu老師的書是一大享受，因此，一收到《隔代不隔愛》，我立刻放下手邊的工作，好好地來犒賞自己一番。

認識蔡老師的人都會被她溫文爾雅的氣質所吸引，她恬靜的舉止好似古代畫冊走出來的仕女。但是她最令人敬佩的是她明辨是非、一絲不苟、堅守原則的做人做事態度，這可以從書中「保護天真」這個例子看出。

孩子最可愛的是純真，是大人最要保護的一點。我曾在一個婚禮上看到花童被畫上了雙眼皮、戴上了假睫毛。她很不自在，我看了也很彆扭，可惜我沒有蔡老師的勇氣，去告訴她的父母純真是最美的。

蔡老師說：「在教育上，直言是必須，但不是甜蜜，而是誠懇。」我覺得太對了，忠言逆耳，人都不喜歡聽不好聽的話，但是沒有人指出來，自己怎麼能改正呢？因為人的眼睛長在前面，只能看見別人的過錯，看不見自己的，人真的是「苦於不自知」，所以才要有鏡子來正衣冠。但是行為的差錯鏡子卻照不出來，它需要別人來指正，誠懇是讓人接受忠告最好的方法。

很多人喜歡用「激將法」，以羞辱貶低孩子去激勵他。我很反對，這是很不可取的，就算他拚著一口氣，最後成功了，這成功的代價也太大，這種心靈的傷痕很難癒合。我們常聽某個成功的人說：「感謝某某當年瞧不起我，不然我不會有今天。」但是我總是想，若是當時罵他的人好好的講，誠懇的勸，他可能一樣成功，但不會悲苦或憤世嫉俗一生，造成人格偏差。孩子都渴望愛和稱讚，得不到時，常會終身不滿足，好像填不滿的溝壑。Bubu老師學校裡的每個孩子是幸福的，因為她的方法是對的。

書中有許多非常好的教育觀念，是我們在生活中常常忽略的，比如說「吃飯不論餐食簡單或豐富，都要好好布置餐桌」，這句話使我想起卓別林在一部老電影中演一個流浪漢，雖然窮到沒飯吃，鍋內煮的是破皮鞋，但是用餐時，他仍然掏出手帕，鋪在石頭上，擺上刀叉，正正式式地切那隻皮鞋。

吃是個藝術，中國人說「穿一代，吃三代」，一代有錢懂得穿（俗話說「穿的跟暴發戶一樣」），但是三代有錢才懂得吃。這個吃，除了食材，還包括環境，乾淨是第一要素。其實布置餐桌不難，一張乾淨的桌布、一瓶小花，立刻使人心安靜下來準備接受食物。「色香味」中，色擺在第一位是有道理的。

下面那一句「不挑三揀四，懷著感恩的心享受每一餐」在現在更是重要，因為我們已經遠離農耕的社會階段，不需要自己親自操作便有食物可吃，這使很多孩子不懂得珍惜，對盤中飧挑三揀四、不感恩農人的辛苦。

幾乎所有的宗教在飯前都有感恩的儀式，感謝所有為這一餐所付出的人。這個感恩之心若沒有人教，常被認為是理所當然，因為我有付錢。我母親過世以後，我一直感到很內疚，因為年輕時，不知道母親提十口之家菜籃之重，還一直要求母親買甘蔗。在民國四十年代，台灣沒有什麼水果，甘蔗便宜又多汁，我很喜歡放學後，一邊啃甘蔗一邊看報紙，覺得那是上學一整天最大的享受，所以母親總是替我準備一根甘蔗。我一直到從美國回來，跟母親去菜市場時，才發現在沒有菜籃拖車的年代，要求母親提著很重的菜籃，還要拖著甘蔗走回家是很不應該的事。蔡老師從小教孩子惜福感恩，真的是莫大的功德。

書中有很多點，我都希望我在孩子小的時候有教過他，比如說，體貼。我常常聽到女學生來抱怨說：「老師，我打算跟他分手，他很好，但是就是不夠體貼。」而失戀的男生也會來問：「老師，去哪裡學體貼？」Bubu老師說，體貼需要敏感度和觀察力。的確，要能從別人的眼神和細微動作中，了解別人的需求，看起來是很不容易，但幸好它可以教，父母就是最好的老師。

我念中學時，台灣很多人家還沒有電冰箱，夏天早上，我母親會燒一大鍋水，放涼後，放入冰箱成為冰開水。當郵差來送掛號信或工人來作工時，母親會叫我們倒冰開水出去給他們喝。曾經有個郵差跟我說：「我最喜歡送你家的掛號信。」母親說：假如你必須在大太陽下奔波維持一家的生計，當你被太陽曬的頭昏眼花、汗流浹背時，你是不是最感謝有人能給你一口水喝，尤其是冰水？花一點柴火，多用一點力氣，又有什麼關係呢？

最後，Bubu老師告訴家長，當孩子來告訴你：「我有事要跟你說……」

時，請不要說：「我現在忙，等會再說。」而要立刻放下手邊的事，蹲下來，聽他講。父母的立即反應很重要，它讓孩子知道他在父母心中是重要的，占第一位的。而且就如Bubu老師說的，事情再壞，晚一點知道內容也不會改變，但是拖延的這幾個小時，對孩子和大人都是煎熬，又何必逃避呢？鴕鳥頭埋得再深，也終要伸出來呼吸，但是不及時處理，會使孩子惴惴不安，我就知道一個孩子在父親給他答覆前，選擇了跳樓。

我父親常跟我們說，再大的事，回家告訴父母，父母跟你一起承擔。父親的那句「兵來將擋，水來土掩，天下沒有跨不過去的坎」，伴隨我一生，使我敢跨院轉行去念神經科學。安全感是父母給孩子最好的禮物，終身受用不盡。

這本書有太多教養的要點我一時說不完，只能請大家放在床頭，夜闌人靜時，拿起來細細地讀，對自己、對孩子都是金不換的良書。

閱讀是保護自己不上當的唯一方式

我本來一直想不通，新冠病毒致死率這麼高，殯儀館屍堆如山，紐約市長得徵召冷凍貨櫃來幫忙存放屍體，為什麼歐美人士不但不肯戴口罩來保護自己，還硬往人多的地方去擠？看了這本書後，才恍然大悟，原來人真的如《反智》的英文書名 *The Irrational Ape*，是個不理智的裸猿。

作者說理性並非本能，它需要鍛練，非常正確。書中提到二〇〇二年諾貝爾經濟獎得主康納曼（Daniel Kahnman）《快思慢想》（*Thinking Fast and Slow*）中許多不理性行為的例子（這本書正是我翻譯的，讀起來分外親切）。這是因為我們管理智的前額葉皮質要到二十歲以後才成熟（其實最近的實驗發現男生二十五歲，女生二十二歲才成熟，比以前認定的晚了許多），但是掌管情緒的邊緣系統卻是在青春期時就成熟了（現在孩子的青春期來的比以前早，有的孩子小學五、六年級就來初經，男生雖然晚一點，到國一、二也都變聲），因此「感情先行，然後再抓住某些理論依據來替感情自圓其說」是有大腦的原因，人也因此有很多不理性的行為。我一邊看，一邊想「人怎麼可能這麼愚蠢？」但是事實卻是如此。

例如一般人相信廣告。但是廣告by definition，就是不真實的誇大。書中賈維克（Robert Jarvik）賣降膽固醇藥的例子台灣不但有，還隨處可見。電視上很多「代言人」都不是該領域的專家，只要掛上眼鏡，穿上白袍，觀眾就馬上認定他是醫生，就相信他的話（不過我上網查賈維克的生平，他的確有猶他大學〔University of Utah〕的醫學學位，只是他沒有完成駐院醫生的訓練，所以沒有醫生執照，不可以行醫。這一點作者說賈維克不具開處方的資格是對的。至於他算不算人工心臟的發明人，因為他當時是替猶他大學醫學院的教授Kolff做助理，功勞歸誰有爭議）。

台灣除了地下電台賣假藥（試想，怎麼可能有一種藥物這麼神奇，有病治病，無病強身？），醫藥騙子最多的地方可說是在醫院腫瘤科的候診室。那些被宣告得了癌症的人聽到有獨家祕方可以治療絕症，就像溺水的人抓住浮木一樣，更何況賣的人都說：「我就是得了跟你一模一樣的病，吃了這個藥後，腫瘤就消失了。」這就是書上說的「口碑轉信任」——他是人，他得了這個癌症，他吃了這個藥好了，我是人，我也得這個病，我吃這個藥應該也會好——因為這個錯誤的推論就上當了。

這種口碑的說服力非常強，哪怕是高級知識份子也會被騙。我有一個朋友，夫妻倆都是博士，先生得了大腸癌，他們相信一帖一萬元的昂貴密方，沒有去開刀，結果錢被騙光後，先生過世。

另外「倖存者的偏差」也是我們常常看到的，如書中分析戰鬥機彈孔的例子，工程師發現引擎和駕駛艙的彈孔很少，因此下結論這兩處不易中彈，只要加強其他部位就好，忽略到引擎和駕駛艙中彈的飛機根本飛不回來，它直接墜海了。人們一般只看到成功者的身影，忘記倒在半路上的犧牲者，這一點在藥物的實驗中最常見，要小心。

書中有很多例子都跟我們日常生活息息相關，最有關係的應該是疫苗會引起自閉症。鄰居曾經一直勸我不要帶小孩去打三合一疫苗，因為她朋友的朋友就是去打了疫苗，一個活潑可愛的男孩變成不跟人說話的自閉症孩子了。我當初一聽也很害怕，那時還沒有網際網路，不像現在查資料這麼方便，我去UCLA醫學院圖書館查了一個下午也沒查到任何論文證據，就帶孩子去注射疫苗了。現在再上網去查，發現仍然有這種傳言，但反駁的聲音多了很多，父母應該不會再上當了。

人不是理性的動物，但是人有理性，也有學習的能力，只要提醒自己，先反思，再反應，就不會被騙了。

知識就是力量，閱讀是保護自己不上當的唯一方式，這本書應該會給所有讀者很大的閱讀動力。

強化好習慣，競爭神經迴路

天性是生而有之，不必教的，但是教養不同，它必須透過學習，使大腦中的神經迴路因反覆活化聯結成習慣。當習慣成自然後，它就像天性一樣，不知不覺的表現出來了。

很多父母都知道教養的重要，卻覺得它太抽象了，不知從何著手。其實，教養和品德一樣，它就是所有生活習慣的總和——一個人的說話習慣、做事習慣、衛生習慣……加在一起時，就是這個人的教養了。

孩子大腦的神經元是每天不斷在連接，形成新迴路，每一次行為的發生都會使這條神經迴路聯結得更緊密。所以《顏氏家訓》中說：「教婦初來，教兒嬰孩。」好習慣要從小養成，壞習慣一旦形成了，要改正它比建立一個好習慣辛苦十倍以上，因為神經迴路的形成有「競爭性」，新的好習慣必須和舊的壞習慣競爭大腦的空間和資源。一條迴路形成後，會因為持續不斷的使用而變得更綿密，使新的迴路插不進來，就好像一塊稻田如果先長了野草，稻子就沒有空間去生長了。壞習慣好比地方的角頭，勢力已經形成了，要動搖它不容易，這時要靠毅力，一直去強化好的習慣，使它的迴路夠強壯，能與壞習慣的迴路競爭同一塊資源。我剛從同一棟大樓的十一樓搬到九樓時，回家進電梯常常就不自覺的去按十一樓的鍵，二個禮拜以後才不按錯。所以小時候建立好習慣很重要，它使孩子一生受用不盡。

《孩子的第二天性》（*Second Nature*）這本書所討論的教養觀念很先進，例如前一陣子，有個新的實驗出來反駁發展心理學上頗為有名的「棉花糖實驗」，認為「延宕的滿足」可能有新的解釋。他們認為四歲兒童是不是馬上吃這顆棉花糖，這跟他的社經地位有關係：環境優沃的孩子可能不稀罕這顆糖，但是家裡沒糖吃的孩子可能就會按捺不住，想要趕快放進嘴裡了。這本書有把新的實驗結果包括進來討論它，表示作者是跟得上新的研究報告的。

書中對很多坊間流行的迷思都有所指正，雖然國內也有學者指出沒有所謂的「左腦人、右腦人」等等，但是報章雜誌還是在談某名人是左腦的、某歌星又是右腦的。我希望透過這本書把這些迷思去除，不再讓父母送孩子去特別發展他的左腦或右腦。

一個觀念的改變一定要知其所以然，改變才會徹底。這本書最可取的地方是它從大腦的機制來解釋幼兒大腦的發展和學習，例如創造力會活化多巴胺通路，所以孩子做出一個東西來時，都會很高興等不及要拿給大人看。又因多巴胺強化學習效能，所以一個人處在創造發明的喜悅時，常會廢寢忘食。

老布希（George H. W. Bush）總統曾宣布一九九〇～二〇〇〇年為「大腦的十年」（the decade of the brain），如今匆匆又過了三十年，大腦研究的發現每天都讓我們睜大了眼睛，充滿了驚喜。對於自己擁有的腦，我們要了解它，對孩子的大腦我們更要好好的保護它，使它能正常的發展，造就孩子的一生。

多管齊下練腦力

以前去壽宴，大家都是祝賀壽星「長命百歲」，現在光是這句不夠了，在「長命百歲」之前還得加上「身體健康」，因為身體不健康而長命百歲，那是活受罪。偏偏現在的人愈活愈長，除了能吃、能睡、能動之外，還要心智也健康才行。

在所有的老人疾病中，大家最害怕的便是失智，尤其是阿茲海默症。當一個人失去記憶，不知道他自己是誰時，生命也就沒有意義了。這個恐懼使得最近有關增強記憶和開發腦力訓練的書非常暢銷，但是從實驗著手，闡明記憶的神經生理本質的書卻很少，《最強腦力》（*Das neue Lernen: heißt Verstehen*）是難得的一本。

作者漢寧．貝克（Henning Beck）曾經參加德國的科普比賽，將科學以最簡單易懂的方式介紹給一般老百姓而得獎（這其實是件不容易的事），這是他的專長，所以本書的寫作就是採取同樣方式——偏向實際的應用而比較少理論的陳述。這一點很適合台灣的讀者，因為老師、父母最想知道的是如何增進孩子的記憶力，最好能對學習達到立竿見影的效果。尤其教育部在推動素養後，對台灣學生記憶的要求比以前更高，明明是數學題，卻有三百字的文字敘述，很多孩子不是不會做數學，而是題目太長，看到後面，忘記前面在講什麼了。

其實智力測驗基本上就是記憶力的測驗，因為記憶是所有學習之本。所以台灣的記憶補習班愈開愈多，甚至連父母本身都去報名，每個人對自己都沒信心，都希望有什麼方式來增強記憶，最好能一目十行，過目不忘。作者在書中指出其實每個人的記憶能力都差不多，差別在運用記憶的策略上，所以他從記憶的本質（即神經迴路的強化）著手，告訴讀者：凡是跟強化神經迴路有關的方法都能強化記憶。

作者建議記憶時，採取間隔效應（spacing effect），因為它是強化記憶最好的方法。他說與其一直背，不如間隔開來，每隔一段時間，溫習一下要背的東西，不時把相關的神經迴路提取出來，增加它的連接強度。

實驗發現連續背誦同一個內容多次以後，大腦會對這個訊息失去新奇感，這就減少了正腎上腺素的分泌，正腎上腺素會增加我們記憶的強度，所以交替學習不同的學科，可以保持大腦對學習的新奇感。這也是為什麼學校課程的安排是英文課上五十分鐘後，要換上數學課來避免學習疲勞。

中國有句俗語「小和尚念經有口無心」，當一直背誦，新奇感消失，注意力退去，只剩下運動皮質區機械性的活化嘴巴後，我們就看到孩子嘴雖然仍在背書，心卻不知跑到哪裡去了。因此作者在書中一直強調好奇心的重要性，老師要先激發孩子的好奇心，他才會去思考可能的答案，當開始思考後，這一條迴路會激發另一條相關的迴路而形成網路，在找出最後答案的同時，記憶迴路也形成了。所以作者說：即使不知道答案也沒關係，因為透過思考，這個知識已經進入大腦了，會形成下一次思考的背景知識（或稱鷹架），幫助下一次答案的出現。其實這就是台灣最近在推的翻轉教育，用啟動學生的思考為教學的主要策略。

另外，作者談到睡眠對學習的重要性，中國的父母有「勤能補拙」的觀念，都希望孩子「頭懸樑，錐刺骨」，最好每一分鐘都在讀書。這個錯誤觀念一定要透過「睡眠會使學習事半功倍」的實驗證據來化解——睡飽的孩子心情比較好，記憶力比較強，思考力比較清晰，學習效果比較強。

過去看不見大腦內部工作的情形，以為睡眠時大腦在休息，最近腦造影的儀器進步，我們才了解原來睡覺時，是身體在休息，大腦在辛勤的工作，它在補充跟學習和記憶有關的神經傳導物質——血清張素和正腎上腺素。孩子在經過一夜的好眠後，大腦補充了跟記憶有關的神經傳導物質——血清張素和正腎上腺素後，早晨背英文生字比較能記牢，寫報告條理比較清楚。更重要的是深度睡眠還可以防止阿茲海默症，因為在那個時候，大腦中血腦屏障的膠質細胞會縮小六〇%，讓脊髓液能載滿了新陳代謝廢物運送出去。

記憶一直是人成為人最重要的因素，對自己的記憶了解得愈多，對自己的健康和學習愈有幫助，一本深入淺出的學習科普書是二十一世紀必備的案頭書。

犯錯免不了，但還是可以減少

《不當決策》（*You're About to Make a Terrible Mistake!*）這個書名猛一看，嚇一跳，因為我們都是從小被罵大的，一看到「不當」兩個字，就不由自主感到要遭殃了，決策更是一個難承受的字，因為它連帶的是責任。馬克吐溫就說：人是不喜歡做決定的。因為每個決定都會有對和錯，對的還好，錯的要承擔後果，而有些後果是承擔不起的。

但是因為人每天都不停的在做決定，丹麥的哲學家齊克果就說：就算你不做決定，那也是個決定，所以如何做出好的、正確的決定是必須要知道的，因此我就把這本書拿起來讀了。

因為我曾翻譯過康納曼那本非常暢銷的《快思慢想》，所以看到這本類似的書就有點好奇：作者為什麼要跟康納曼打對台呢？要知道康納曼就是因為這方面研究而得諾貝爾獎的。不過仔細閱讀完後，就發現這本書的確有它的價值，因為理論要有案例才有說服性，讀者才易懂，本書作者是業界的顧問，對大公司CEO們做決策時的心態很熟悉，手邊的案例也很多，所以能根據《快思慢想》中的各種認知偏見舉出撼動人心的真實例子；而康納曼是位做研究的心理學教授，他所舉的都是實驗的結果，雖然每種偏見後面都附有例子，但不像本書的例子那麼生動，尤其像臉書拒絕雅虎的收購、雅虎拒絕微軟的收購、百視達拒絕Netflix的收購等等都是我們熟悉的案子，他們的成敗更容易引起我們的好奇心和興趣。所以讀者若把這兩本書合起來讀時，對決策上的各種認知偏見就會有更深刻的了解了。

人是天底下最不確定的因素

作者席波尼（Olivier Sibony）重述托爾斯泰在《安娜・卡列妮娜》一開

頭的那句：「幸福的家庭都很相似的，不幸的家庭各有其不幸。」把它改成：「成功的策略都不相同，失敗的策略都似曾相似。」很聰明，用得很好，馬上令人了解他的意思。因為決策失敗都敗在對人性的不了解上，人是善變的，人心是不可捉摸的。清朝納蘭性德曾有一首詩：「等閒變卻故人心，卻道故人心易變。」人的因素是天底下最不確定的因素，因此才會有墨菲定律出來（只要有可能出錯的事，就一定會出錯，Anything that can go wrong, will go wrong.），因此只要跟人有關的交易都會有風險，有風險就有運氣，這二者不可分，像一個銅板的兩面，做生意的人比較迷信也源於此。

那麼為什麼人對做決策這麼害怕呢？主要是人有很多潛意識的偏見，因為潛意識，所以自己不自覺，犯錯就免不了。本書提出九大認知陷阱，就需要好好的細讀了。

倒是作者提到推力（nudging）這個概念，很可以做為當今政府施政的建議。推力是因勢利導，藉由應用偏誤而獲益，在政壇、商場都很常見。孫叔敖在做楚令尹時的措施就是很好的例子：當時楚莊王想把馬車底提高，因為矮車跑不快，不好駕馭，不利打戰，但因楚王前面幾次政令已經惹出民怨了，孫叔敖就勸楚王慢慢來，讓老百姓自己心甘情願的去把車底抬高。於是，他就宣布雨季快來了，為了擋水，老百姓把門檻加高。但是門檻高了，馬車就不易進來，再過一陣子，老百姓就自動把馬車底提高了。這就是高招，讓人做了，還以為是他自己要做的。

本書中除了警告（提醒大家不要掉入陷阱），也提出解決方法，這些技巧很有用，是本書比《快思慢想》更勝一籌的地方。我看完後深覺商場如戰場，沒有把這兩本書讀通，最好不要貿然進場。

為求知而求知，格局才會大

朋友是位資深的教授，曾參加教改多年，最近來訪，談到現在的教育，長吁短嘆。

原來去年疫情緊張時，很多在國外讀書的學生都回來避難，我們的頂大也盡全力安置他們，希望他們能留下來，不料國外疫情稍緩後，這些學生又迫不及待的「快閃」，回原校去就讀了，而且比例高達百分之九十。

照說「留得青山在，不怕沒柴燒」，生命應該是人生最重要的事，他們為什麼要急著回去呢？結果一個學生說台灣授課的進度太慢，在國外一堂課的內容，台灣要二、三堂課才講完，而本地同學們還抱怨老師講太快；另一個說，同學很不用功，上課前不預習，下課後也不複習，他擔心在這環境久了，自己也會變得懶散；還有一個說，他本來想藉這個機會交些志同道合的朋友，將來一起創業，因為以後的世界會是講中文的世界，但是他參加了幾次系上的活動後很失望，同學沒什麼大志，聊的都是要賺大錢，卻不想冒險，想成功卻不想吃苦，也搞不清楚職業（job）、事業（career）和志業（calling）的差別；第四個說，台灣的假放太多太長，沒學到什麼東西，美國最大的假期——聖誕節也只放一天而已。朋友聽了很擔心台灣年輕人未來的競爭力，所以就來找我舒悶了。

這現象的確令人憂心，有人說：「為了進哈佛而進哈佛和因為對知識的渴望而進哈佛是兩回事，前者的人生高峰在離開哈佛的一瞬間便結束了，而後者的人生在離開哈佛後才開始。」今天大學生對知識的態度是不是他們從小被不停的考試給弄壞了呢？

柳宗元在〈種樹郭橐駝傳〉中說，樹種下去，不要一直挖起來看長根了沒有，樹被干擾，無法好好生長，會死掉。我們的段考就等於每個月把樹挖起來看學生學到了多少。其實每個孩子開竅的早晚不一樣，在小學的階段不適合每個月考，開竅晚的孩子考不好所帶來的羞辱和自信心的喪失，是孩子一生的痛。最近核磁共振的研究更發現學生在答錯時，大腦各部位活化的狀態比答對時多。立即回饋錯誤，是幫助學習最好的方式，犯錯本來就是學習的過程，完全不用打。

至於學生不預習，迫使老師放慢教學速度，這原因是音波像一陣風，消失後就無影蹤，訊息若沒有架構（schema）來放置進來的訊息，它會很快流失，預習就是建立這個架構，所以它對學習很重要。不預習也不複習的確是我們台灣學生的通病，我想起我自己在台灣念書時也是這樣，但是到了國外，發現別人不是這樣，而這樣的學習方式在國外一定會被當掉，就馬上改過來了。

或許這次訪問生的「快閃」（《聯合報》的用語）是一個警惕，這種學習的風氣不改，以後在國際上恐怕難以競爭。

正確的求知態度要從小培養，既然許多大腦的研究都指出犯錯是學習最快的方法，老師和家長就不需要處罰孩子的錯，更不可少一分打一下。只有把考試的汙名化除去，孩子才能懂得為求知而求知，他的人生才有價值。

「間隔效應」是最好的記憶方式

台灣疫情警戒在二〇二一年提升到第三級之後，儘管時間不長，卻使父母老師焦慮不已，有家長抱怨老師功課太多，孩子一天八個小時盯著電腦螢幕，眼睛會近視；也有家長抱怨老師功課太少，孩子每天都在自習；有老師抱怨教育局、校長要求太多，他們分身乏術，也有老師說他的科目無法遠距授課。總之一句話，就是生怕孩子沒有學到東西。

我看到這些報導很好奇，怎麼沒有人停下來想一想，學習是什麼？怎樣才能真正學到東西？過去我們一直抱怨「老師教、學生聽」的這種傳統學習的方式不好，現在終於有機會可以打破刻板的教學方式了，為什麼大家又急著把家庭變成教室，再去複製那個我們想要改變（甚至說推翻）的制度呢？

學習的產生絕對不是你講我聽，這是大家都知道的，它是動機、注意力、錯誤的立即回饋，最後透過知識架構（schema）建立起來的知識網。這個網一旦建立成功，孩子的學習會如魚得水，因為知識的獲得本身就是報酬（reward），他會為了這個喜悅而努力得到新知，這時我們便完成了這個孩子的教育。

因此，遠距教學老師要做的不是翻開課本第幾頁，而是問學生問題，讓他去找答案。主動搜尋是促使神經連接最好的方式，這種方式得到的知識最穩定。它使原本不相干的東西會因為某一共同特質而突然連接到一起，原來A可以這樣想，原來A和B是這個關係，原來……，一個新的概念就形成了。

這個「原來」就是驚奇（surprise），驚奇是注意力的前身（precursor），沒有驚奇就沒有注意力，而只有被注意的訊息才會進入我們的記憶系統。訊息的登錄需要立即的確認，這個確認很重要，被認為是學習的四大支柱之一（其餘三個是注意力、積極主動參與和記憶的固化）。過去習題交上去後，隔天或更久老師改完發回，這時，孩子已經失去了那道題目的記憶，雖然有訂正，但是錯誤的神經連接已在過去的時光中，形成緊密的連接，難動搖了。若是一做錯，馬上訂正，就像野草還未生根便被拔除，學習的效果就會好很多。

當訊息要進入記憶去儲存時，訊息的意義度、熟悉度和情緒強度是儲存的三大關鍵因素，一個有意義的東西記的久（所以了解很重要），每天看到的東西記得久（所以最好的記憶方式是間隔效應，每天看一次，看十天比一天看十次效果來的強），一個情緒性（喜歡或恐懼）的東西永不忘記。所以了解到孩子學習的過程後，老師設計遠距教材就容易很多。基本上它一定要跟生活有關才會引起學生的興趣，學習的材料必須在孩子生活環境中找得到，才能引導他去觀察和思考，透過了解，賦予了意義，最後形成記憶。

在家中除知識的學習，更重要是自制和自律這個基本學習態度的養成。如果不是疫情大家停班停課，父母平時不會有這麼多的時間跟孩子在一起，觀察他的行為，現在既然有了，請利用這機會教導他做人的道理，不管在哪一個世代，「世事洞明皆學問，人情練達即文章」都是必要的。

詩中自有黃金屋

《詩魂》這本小說讓我重溫了中學時，躲在棉被中徹夜偷看小說的回憶，現在雖然沒人管了，但是因為太好看了，還是一口氣看到完才放下來。看完後就想：大家都說台灣的僵化教育扼殺了學生的創造力，本書作者陳郁如也是在台灣長大的，為什麼她有這麼好的想像力和創造力呢？

這本書最讓人激賞的地方是作者從我們耳熟能詳的《唐詩》著手，創造出步步驚魂的懸疑小說。中國的詩詞都有國畫的意境，蘇軾曾稱王維的詩是「詩中有畫，畫中有詩」，柳宗元的〈江雪〉的確會使你心中浮起寒冬的景象：大地白茫茫一片，什麼都沒有，只有江中一葉扁舟，一個老翁為了生計，冒著嚴寒在釣魚。更令人驚喜的是作者能利用詩句埋下伏筆：如果千山鳥飛絕了，那麼突然出現的鳥，一定是壞人的奸細——後來果然如此。

壞人的名字是由〈隴西行〉轉音過來的「龍兮行」——那些曝屍戰場的骨骸，化成黑色的冤魂，聚成了龍兮行。陳陶這首詩最感人的地方就是「可憐無定河邊骨，猶是深閨夢裡人」，親人不知道他們已經死了，還在家裡痴痴的等。

作者選來藏詩魂的五首詩意境都非常好，馬上帶你進入詩境，很能激發我們的想像力。很可惜我們的學校不能像書中的學校那樣，舉辦詩詞比賽，大家上去打擂台。如果年輕人能夠多念著些好的詩詞，或許社會暴戾之氣不會這麼嚴重。最近有個十六歲少年把母親殺了，用的方式是殺雞的割喉放血，太不能相信他是我們九年一貫教育出來的孩子。讀詩能陶冶性情、變化氣質，何不讓孩子多讀一些呢？現在國文課本中的古文刪除殆盡，政治侵入了教育，真的很可惜。

書中唯一沒有交代的是周穆王的玉珮，他的墓尚未找到，那麼這玉珮從哪裡來？照說這玉珮應為周穆王隨身不離的信物，才會「見玉如見人」，王母為了見情人一面，不惜幫助壞人，看了令人有點難過。天下總是痴情的比負心的多，或許這就是情能吸引人的地方。

我為作者能寫出這麼吸引人的小說喝采，這不但要有想像力，《唐詩》還得背得滾瓜爛熟才行。它對目前死水般的教育界是個鼓勵，因為每個學生都是璞玉，何日放光采不知道。它也替念文科找不到出路的學生打氣，文學是涵養之本，好好念，念通了，黃金屋和顏如玉就會像《詩魂》一樣，自然出現。

知識是相通的

科學家不迷信，但是科學上的許多發現，巧合的成分卻很大，恐龍滅絕的原因就是一個例子。

一九七〇年初，美國一位地質學家在義大利爬山時，偶然發現距今六千五萬年的白堊紀－古近紀石灰岩中間夾了一層薄薄〇．六公分的紅色黏土，這個年代正是恐龍滅絕的年代，他很好奇，便挖了一點土帶回去化驗。結果發現它含銥元素的量高達三百倍。很多人不知道銥是什麼，他的父親正好是一九六八年諾貝爾物理獎得主，便告訴他地球中銥很少，但太空中，銥元素是地球的一千倍，這些泥土很可能來自外太空，這讓把他注意力轉往太空去尋求恐龍滅絕的原因。

但是如果是彗星撞地球的話，地球上應該有個大坑才對，這個坑在哪裡呢？

一旦知道要找什麼，就容易找到，到處詢問之下，果然在墨西哥猶加敦半島地層下找到了一個直徑一百九十三公里、深四十八公里的大坑。但是造成這個坑的威力足以使地球上的生物滅絕嗎？

天文學家觀察到，一九九四年七月十六日有彗星要撞木星，正巧那時哈伯望遠鏡已上了太空，科學家就利用它觀察到這次撞擊所產生的威力等於六百萬顆百噸級的原子彈同時爆炸，的確足以改變地球生態，使草木不生，恐龍滅絕。

這個例子讓我們看到創造力很少是無中生有，它是從別人都看到的東西裡，想到別人沒想到的地方，許多人都經過義大利那個山的隘口，卻沒有人看到這層紅泥土，更沒有想到它和恐龍滅絕的關係。

知識是相通的，恐龍滅絕的原因就是古生物學、地質學、天文學、物理學等眾多領域科學家共同努力的結果，它證明了三千年前孔子所說的「集思廣益」。

運動與大腦銀行

二〇二〇年十二月一日《聯合報》報導：「老師為了訓練孩子的體適能，偶爾會安排學生晨跑，結果有家長不但要求自己的孩子不能晨跑，還要求全班不能跑。」我看了很驚訝。因為在疫情出現時讓學生盡量運動比其他任何時期都更重要，因為運動抑制壓力荷爾蒙皮質醇（cortisol）的分泌，而皮質醇會壓抑免疫系統。如果孩子體能好，他會有更高的學習和心智運作效率。

哈佛醫學院的教授約翰・瑞提（John Ratey）說，運動不只是鍛練身體，它還對大腦有益，運動的重點在塑造自己的大腦和調控它的運作。因為運動時，大腦會產生跟學習有關的正腎上腺素、血清素和多巴胺，前者跟我們的注意力有關，後二者跟情緒的紓解有關。尤其血清素可以幫助孩子控制大腦負面情緒的活化，中斷腦中焦慮的神經迴路。如果缺乏運動，大腦不分泌內源性的ＢＤＮＦ（滋養因子），它就會自行斷絕跟外界的聯結，所以自閉症的孩子特別要去運動。

灑一點ＢＤＮＦ到實驗室培養皿中的神經元上時，它就長出很多新的神經連接，很像植物灑上了肥料就長出新的分枝和花苞一樣。ＢＤＮＦ還可以幫助大腦長出新的微血管並增加長期記憶。

德國的研究發現，學生在運動後，學習詞彙比運動前快了二〇％，因為ＢＤＮＦ提供了突觸所需要的營養。運動還可以增加免疫力。

運動還可以防止阿茲海默症。有一個實驗是掃瞄做有氧運動老人的大腦，發現他們灰質（神經細胞）和白質（神經纖維）都比只做伸展運動的老者增加更多。運動使老鼠的大腦變年輕：老鼠是三個月成熟，六個月盛年，十八個月就老了，二歲的老鼠等於人類的百歲老人了，但是有運動的二歲老鼠與六個月的老鼠跑迷宮一樣的快和正確。

在運動防止老化中，最重要的是正腎上腺素的分泌，芝加哥大學的研究者定期追蹤一百六十五位平均年齡八十八歲的老者，結果發現腦幹中，分泌正腎上腺素的藍斑核神經元密度愈高，活化愈厲害，愈能減緩認知退化。大腦製造正腎上腺素的能力可以預測一個八十歲的老人，六年中心智的退化程度。當實驗者把跟記憶有關的膽鹼類細胞浸泡在正腎上腺素中，它們就活得比較久，如果將已受到類澱粉蛋白傷害的腦細胞泡在正腎上腺素中時，腦細胞的傷害就減輕，正腎上腺素可以說是阿茲海默症的解毒劑。

運動更可以培養孩子的團隊精神。孩子需要在互動如球類運動中，學習與人相處，孩子的社會化不是跟父母而是跟他的同儕完成的。尤其現在3C產品流行，一個小時候不會跟別人玩的孩子，長大後只能去跟電玩遊戲玩，因為只有電玩這種沒有生命的玩伴，可以忍受孩子重複不合理的咒罵和毆打而不離去，而團隊精神是二十一世紀必備的素養。

現在很流行一個觀念叫「認知儲備」，即大腦像銀行一樣，年輕時，存愈多的認知本錢進去，年老時，愈有存款可以提取。所以小學生晨跑絕對是有百利而無一害，在疫情的時候，為節省醫療成本，請盡量運動。

無所不在的「鏡像神經元」

自從一九九二年，義大利的神經學家在猴子的大腦裡，發現了鏡像神經元後，它就成為心理學家的最愛，因為它幾乎可以被用來解釋發展心理學、社會心理學、教育心理學，甚至犯罪心理學上的種種現象。比如說，當初會發現這個鏡像神經元，是因為有個神經學家在實驗室拿東西起來吃，他發現安靜坐在椅子上，等待做實驗的彌猴大腦前運動皮質區，專門負責做動作的計畫和執行的神經細胞突然活化起來了。他大為驚奇，這不就是「見人吃飯喉嚨癢」這個現象背後的原因嗎？這個過去知其然，不知其所以然的現象，現在找到神經學上的解釋了。

於是各領域的學者紛紛開始研究鏡像神經元，來尋找他們研究現象背後的神經機制，例如把鋼琴家放進核磁共振中，請他想像他在彈貝多芬的奏鳴曲，然後給他電子琴鍵，請他真的彈，結果發現，想像時大腦所活化的地方跟實際彈時是同一個地方。這就難怪「沙盤演練」有效了，因為它們活化同樣的神經細胞，這些迴路被一再活化後，會變得臨界點比較低、連接比較緊密，甚至多次後，可以變成自動化。

教育學家更在大腦中看到「殺雞儆猴」的神經機制：當實驗者電擊一個人的手給另外一個人看時，觀察者人腦的恐懼中心跟被電者恐懼中心活化的程度一樣。在中國歷史上，春秋戰國時，孫子替吳王闔閭練兵，那些妃子宮女們嬉笑不聽軍令，但是當孫子把做為隊長的吳王寵妃斬首後，宮女們立刻服從指令接受操練了，因為她們大腦中的鏡像神經元讓她們感同身受，不敢拿自己的生命開玩笑。

當然，影響最大的是發展心理學家，一九七七年，西雅圖華盛頓大學的研究者對出生四十一分鐘，還未抱回家的嬰兒吐舌頭、作鬼臉，這麼小的嬰兒就馬上模仿了。研究者找到了最原始的學習——模仿，它背後的機制就是鏡像神經元。這個發現在當時可以說是石破驚天，因為嬰兒沒有人教（因為才出生四十一分鐘）就會做出某個行為，在當時是不可接受的事情。

曾有個哈佛大學心理系的研究生在電梯中，不小心（他說是不幸）遇見了行為主義的大師史金納（B. F. Skinner），他在緊張之際，按錯了電梯樓層，便慌亂的向史金納道歉說：「我改變了我的心意（I changed my mind.）」，史金納立刻糾正他：「你不是改變了你的心意，你是改變了你的行為（You did not change your mind, you changed your behavior.）」，可見當時學術界是如何的排斥大腦和心智（這個研究生就是理察．大衛遜〔Richard Davidson〕後來成為非常有名的神經心理學家，在威斯康辛大學專門研究禪坐和情緒的大腦機制）。

「物以類聚」背後的運作機制

這個鏡像神經元甚至為文化的演進提供了生活的基礎，透過社群共享、模仿與觀察來教導下一代。普林斯頓大學的紀爾茲（C. Geertz）認為文化是潛在的控制機制，它不只是服飾、習俗、生活型態而已，它還是計畫、策略等無形思考的規範。人們透過觀察與模仿，不自覺的做出他族群所允許的行為。李鴻章在維多利亞女王的地毯上吐痰，別人側目，他卻沒有覺得失禮，因為在當時的中國，這是一個可以接受的行為。文化使你以為你在執行你的自由意志，其實你在做傳統加諸你身上的規範，你根本沒有去想你為什麼會這樣做。

我在美國念書時，去指導教授家過感恩節。我看到他太太把火雞腹內塞好香料後，倒扣在洗碗籃下，我就問她為什麼要這樣做？她想了一下說，不知道，她媽媽一向都是這樣做的。經過查詢，才知道她小時候，家裡有隻會偷吃的大黃貓，所以火雞要加蓋。但是現在她並沒有養貓，火雞不蓋是安全的，她不假思索蓋了二十年，反而變成了她家的傳統，因為她女兒烤火雞也是這樣做。

《人腦的鏡像學習法》（*Mirror Thinking*）這本書提到一些青少年行為的大腦機制，這對學校的輔導老師有很大的幫助。教學改變大腦的功效比任何腦外科醫生的手術刀還要有效的多。作者所舉的芬蘭教育很有說服力，相信可以改變老師和家長的觀念。我們都知道同儕對青少年的影響，這個「物以類聚」背後的神經機制就是鏡像神經元。俗話說「槍打出頭鳥」其實就是當我們發現自己跟別人不一樣時，大腦中的「錯誤訊號」立刻告訴我們快快模仿周邊的人，免得鶴立雞群遭到殺身之禍。同樣的，當我們的行為跟別人一樣時，大腦中的報酬迴路就活化起來，產生多巴胺，讓我們感到安心。很像現代人藏身在網路中時就敢隨便罵人，因為「隱藏」讓他感到安心，就敢胡作非為。這個感覺就是鏡像神經元提供給他的。

鏡像神經元的作用和影響力可以說無所不在，它解釋了「孩子不會按照父母想的那樣長大，他會依照父母的樣子長大」。發現鏡像神經元的神經學家之一，馬可・亞科波尼（Marco Iacoboni）曾經寫過一本書叫《天生愛學樣》（*Mirroring People*），書中就告訴家長要「以身作則」，因為孩子是依照父母的樣子長大的。

善用大腦特性，輕鬆學習不吃力

「人類如何學習」一直是認知神經科學探討的主題，因為學習是所有行為之本，連最低等的動物都會趨吉避凶。例如實驗者在A處電擊果蠅，下次即使A處有食物，果蠅也會避開它；若把電擊和它最喜歡的味道配對，下次牠一聞到這個味道就會逃避，喜歡的立刻變為厭惡。

記憶是學習的基本，沒有記憶就沒有學習。記憶就是用昨天的經驗來預測今天的行為，幫助明天的存活。所以談學習一定會談到記憶，記憶的能力就是智力測驗所測的基本能力，難怪坊間有關學習的書都在講記憶，《最強大腦學習法》（*How We Learn: The Surprising Truth About When, Where, and Why It Happens*）也不例外，只是它是以「證據為本」（evidence-based）的論述，比別人有說服力。

很多孩子恐懼學習、害怕考試，這不是他們智力不足，而是他們學習的方法不對。俗語說「做工不由東，累死也無功」，沒有依照大腦記憶的本質去讀書，即使三更燈火五更雞，考試的成績也不理想。

作者很感慨的說，從工業革命開始設立學校至今已經二百年多了，但是學校教學的方式一直沒有改變，老師還是用同樣的方式把書本上的知識塞進孩子的大腦裡，沒有人去探討一下這種教學方式是否符合大腦的運作、孩子是否能有效的吸收。所以作者從記憶的本質來討論教學的方法，這是本書最大的特點，相信以後的孩子可以不恐懼學習了。

過去我們鼓勵孩子「只問耕耘不問收穫」，其實這句話有商榷的餘地，因為不問收穫，我們就不知道耕耘是否有效，就不會改變耕耘的方式。杜威（John Dewey）曾說過，「用昨天的方法，來教今天的孩子，會耽誤他明天的前途。」但是要人們改變是很難的，王陽明說：「破山中賊易，破心中賊難。」就連腦造影的科學研究都指出睡眠不足會使孩子出現過動、注意力缺失的行為，影響學習的效果，台灣的家長還是不能接受晚一點上學的提案，理由是家長上班時間若跟學校上課時間不能配合，孩子會無人接送。其實教育的宗旨是學習，是孩子去上學的主要目的，主旨應該優先，方法可以商量，而不是為了方便犧牲學習。目前這本書在不改變現行教育制度下，用改變閱讀和測試的方式來增進學習的效果，對孩子來說，真是一大功德。

了解神經機制，讓學習事半功倍

人的大腦喜歡新奇的東西，尤其會動、從來沒有見過，卻快速對你跑過來的東西，你的注意力立刻鎖住那個東西，全身馬上進入緊急應變狀態——瞳孔放大，心跳加快，手心出冷汗，剛剛肚子餓或口渴的感覺被拋到九霄雲外。這是「戰或逃」正腎上腺素大量湧出的關係。實驗發現請受試者躺在核磁共振中，解數學題時，他大腦腦幹中的藍斑核會活化起來，大量分泌跟注意力和記憶有關的正腎上腺素，因此教學一定要保持學生的新奇感，才可以抓住他的注意力，使訊息穿過注意力這個瓶頸進入短期記憶中，如果登錄這一關沒有通過，訊息流失了，後面就不必談了。

那麼，為什麼以前那種反覆的複誦不好呢？這是因為大腦對重複出現的東西會失去新奇感，沒有了新奇感，就沒有了注意力，正腎上腺素就不會出來，「去敏感化」（disensitization）後對刺激就不反應了，所以一直背同一個生字，幾次以後，這個字已經去敏感化了，有念等於沒念。但是背一下，隔一陣子再去背它時，大腦得重新提取這條神經迴路出來使用，每一次提取，每一次增加它提取的線索，線索愈多，愈不容易忘記。好似把一個寶物用一條繩子捆十遍或用十條繩綑一遍垂入古井。前者雖然綑了十遍，卻只有一條提取線索，繩子一斷，寶物便永沉古井無法提取了；但是如果用了十條不同的繩子去綑它，那麼即使一條斷了，還有九條可以提取出來。

讀書也是，讀一讀，把書合起來，想一下剛剛讀的是什麼，或是拿張紙頭出來，寫下剛剛讀的大綱，這種效果最好，這就是「間隔效應」。一九七五年我有一整年的時光都在做這個實驗，我的指導教授要我把各種參數全部操弄完，才讓我寫論文，所以我很早就知道間隔效應對學習的幫助。一旦了解了學習背後的神經機制，學習自然事半功倍，即使考試也不害怕了。

本書用實證的方式讓讀者看到如何利用大腦的特性、記憶的本質去輕鬆愉快的學習一個新東西。在資訊爆炸、時間有限的現代，掌握正確的學習法是生存競爭的第一要件，很值得老師、家長和學生細細的讀。

要的是學力，不是學歷

我在報上又看到，台中有個擁有博士學位的父親因小二女兒數學屢教不會，用衣架把女兒打傷，被法院判罰拘役五十天，緩刑二年。

這種新聞看了令人憤慨，為什麼這些父母親只要一牽涉到孩子的功課和分數就會失去理性，拿起棍子、鐵條，任何手邊的器具就打呢？難道分數和成績在他們心目中，竟比親生骨肉還重要嗎？

在現在，孩子若沒有好奇心、求知欲會被社會所淘汰，因為凡是可以編碼、重複性動作的工作會被機器人所取代。我們不應該把孩子訓練成聽話的乖乖牌，沒有自己思考和判斷的能力，這是危險的。上次韓國翻船時，很多學生就是聽了船長「留在原處不要動」的話，沒有上到甲板去逃生，留在船艙被淹死。

在機器人當道的二十一世紀，幾乎所有的國家都在改變他們的教育政策，訓練學生積極主動、冒險探索、有好的人際關係和學習熱忱……這些機器人沒有的特質，只有我們還在強調分數與評量。

曾有人問比爾．蓋茲（Bill Gates）：「你沒有從哈佛畢業，所以你只有高中文憑，請問你會怎麼給現代學子忠告？」他回答：「是的，我只有高中文憑，但是我是個終身學習者（I am a professional student.），我從來沒有放棄任何學習的機會，我的微軟要的是學力，不是學歷。」我真心的期待這個重學歷而不重學力的迷思，能慢慢從台灣除去。

教學要有效，需知大腦記憶的本質：一個訊息要能擠過注意力的瓶頸，進入短期記憶，被處理後，進入長期記憶成為自己的知識，其實不容易。任何一個階段出錯，記憶都會流失。這個父親不了解當他打女兒時，女兒的大腦會因恐懼而關閉所有跟生存無關的訊息管道，她的瞳孔會放大，只看見要打她的手和刑具，心跳加快，血液從全身湧到四肢準備逃命，腦筋一片空白。這是標準的腎上腺素戰／逃的生理反應，老師愈兇，學生愈學不進去。這個父親因為是博士，高學歷，就不會去反省自己的教法對不對、有沒有從孩子熟悉的背景切入、她有沒有聽懂你在說什麼，就直接認為是孩子不好好學懲罰她。

天下沒有教不會的孩子，只有不會教的老師。我在念小學五年級時，要學雞兔同籠，我那時也是老師怎麼教都不會（其實這是二元一次方程式的代數問題，不知為何台灣把它提早到小學五年級來教），幸好我的父親很有智慧，他看我聽不懂，便換個方式，叫我這樣想：如果雞跟兔子共十五隻有四十隻腳，你就想像牠們全是雞，把腳都舉起來，這時空中有三十隻腳，剩十隻還站在地上，因為雞已經全坐下來了，所以這十雙腳屬於兔子的，兔子有四隻腳，舉了二隻，還剩二隻腳，除以二，就知道兔子是五隻，那麼雞就是十隻了。他這樣一教，我馬上會。天下沒有笨的小孩，只有不通人性、要打人的家長。

若要孩子學習有效，請不要恐嚇他，請記住西風和太陽比賽的故事，溫暖的太陽會使人脫下厚重的大衣，達到比賽的目的。

盡信數字不如無數字

在ＡＩ的時代，大家唯數字馬首是瞻，都說數字最客觀、會說真話，其實數字不一定代表事實，要看這些數字是怎麼來的。

例如英國中部地區的嬰兒死亡率比倫敦高很多，這顯然不合理，難道中部的醫生比倫敦的差嗎？原來英國法律，胎兒在十二週內死亡算是流產，二十四週後死亡算是出生後死亡，在十二週和二十四週中間是灰色地帶，中部的醫生慣用死亡而倫敦的醫生用流產，用詞造成了兩者的差異。所以登錄最重要，開頭錯，後面就不必計算了。

統計是很好的趨勢工具，補償人類這方面的不足。但統計也會放大人類信任數字的盲點，所以在統計之前，先要了解自己在算什麼。

經濟學上也有一個「古德哈特定律」（Goodhart's law），即當一個措施轉身成為目標時，它就不再是一個好的措施。比如，蘇聯曾要老百姓依人口和牲畜比例，上報他們可以生產的數字，報的愈多愈被表揚。很不幸的是，表揚完了，政府就要他們上繳這些數字的產品，達不到時就要罰。無奈何，紡織工廠就縮窄織布機的寬度以達到長度的要求；烏茲別克的農人便把棉花浸水，以達到每天該採的重量；一八六〇年代，美國鋪設跨東西岸的鐵路，這條鐵路修到中西部大草原的歐馬哈（Omaha）後，便轉彎，不走直線，因為它是以鐵軌的里程計價；台灣以前原住民教師的加給是以山的高度來計算，結果南投縣仁愛鄉的合作國小雖然比平靜國小更偏遠，但因學校在半山腰，合作國小老師的薪水便比平靜國小的少。當我們全然憑數字來做決定時，就會有這些問題出現。

這個問題在ＡＩ用算則（algorithm）來模擬時更明顯，例如為了要使飛機盡量輕的降落在航空母艦的甲板上，電腦工程師便用算則來訓練它，沒想到算則在重複學習時，發現了系統的漏洞：假如它用力把飛機摔在甲板上，強烈的力道會使系統過度負荷，跳出來的數字便是零，表示完美降落，但事實正好相反。因此只用數字去控制，而不是去了解這個作業時，數字是危險的。

數字有時看起來很公平，但是碰到跟人有關的事情時，一定要考慮數字所代表的意義，因為不管什麼政策，永遠會有對策，有的時候，盡信數字，不如無數字。

一步一腳印，大腦更是如此

過去我們都認為童年不重要，原因是語言是記憶的根本，而嬰兒沒有語言。當一件事不能訴諸語言時，它很快會變成一個印象或感覺而逐漸淡去。所以富人家常把嬰兒交給奶媽去帶，大一點再抱回來，殊不知童年的經驗會影響孩子一生。

我們的大腦是凡走過必留下痕跡。有個實驗是掃瞄大學生看他們大腦處理語言的情形，這些人是在一歲前就離開了中國，在加拿大長大。從過去的實驗知道，中國人對漢語中的四聲是在左腦處理，因為它是語言的一部分；而外國人對四聲是把它當作物理音，在右腦處理。這些孩子從小被加拿大家庭收養，除了黑頭髮黃皮膚，其他一切都是標準的加拿大青年，但是當他們聽到漢語的四聲時，他們的左腦活化起來了，跟我們一樣。

這實驗讓很多人驚奇，因為他們離開大陸時還不會說話，去到加拿大後，也沒有機會再聽到中國話，尤其當實驗者問他們知不知道什麼是四聲時，他們兩眼茫然，不知道實驗者在問什麼。沒想到童年的記憶竟深藏在他們的腦海裡，他們自己不知道，但是他們的大腦卻知道了。

童年經驗的重要性最初是加拿大的神經學家米尼（Michael Meany）發現的。他在做動物實驗時，發現雖然一樣受到電擊，有的老鼠會恐懼，僵住，血液中的壓力荷爾蒙皮質醇急速上升，有的卻不會。解剖他們的大腦時，發現前者海馬迴中皮質醇受體（receptors）很多，因為受體多，只要一點皮質醇就能把災難要來的緊急訊息傳送到前腦，讓身體作出要戰或逃的準備。壓力荷爾蒙會抑制免疫系統，對健康不利，這些老鼠因身體沒有長期泡在壓力荷爾蒙中，活得比較長。

米尼很好奇，他們都是在實驗室長大的老鼠，為什麼有這麼大的行為差別？是什麼因素決定了這個壓力荷爾蒙受體的多寡？原來母鼠舔新生小鼠的這個動作會啟動製造壓力荷爾蒙受體的基因，使壓力荷爾蒙的受體增多，當母鼠去舔小鼠，替牠梳理（glooming）時，牠們母子的大腦都會產生激乳素（oxytocin），這是聯結親子關係的重要荷爾蒙，它不但給小鼠安全感，同時啟動小鼠的基因去製造壓力荷爾蒙受體，保護小鼠將來不會變成焦慮、膽怯、畏縮的老鼠。

如果把母鼠移開，使牠不能去舔小鼠，那麼這隻小鼠長大後會成為冷漠不關心自己小孩的媽媽，而這又會使牠的小孩不去關心自己的小孩，也就是說，禍延三代。但是假如實驗者用毛筆輕輕刷小鼠的身體，去替代母鼠的舔，那麼這個肌膚的接觸也會啟動基因，使這隻小鼠免除焦慮的威脅。若是小鼠不幸有個冷漠的媽媽，但是幸運有個有愛心的養母時，那麼這隻小鼠仍然可以正常長大成為一個好母親。

愛與陪伴，是孩子最需要的

米尼發現，生活的經驗可以深入到DNA的層次，環境可以啟動或關閉基因，使這個基因的功能展現或不展現出來。這個「表現基因學」（epigenetics）的研究解釋了為什麼同卵雙胞胎一個有精神分裂症，一個沒有，也解釋了被分開收養的雙胞胎長大後，不及童年時相像。

米尼更從受虐自殺的大腦標本解剖發現，人類童年的受虐也會影響大腦的結構。那些童年受虐者的大腦海馬迴比正常人小五％，海馬迴是管記憶的地方，受虐兒會因此而學業不好，更被嫌棄；他們的情緒中心，甚至小腦神經連接都有不一樣，又使他們自殺念頭比別人高四到五倍。

其實嬰兒雖然不會說話，但是他們是有記憶的。有個研究是把一個三個月大的嬰兒放在搖籃裡，腳上套一條絲帶，當他踢動小腳時，就帶動了床上的走馬燈轉，嬰兒發現這個相關後，會很高興的踢腳。八天後，再把他放回小床上，他會馬上踢腳，但是因沒有套絲帶，走馬燈不會動，他會很驚訝的瞪大眼睛看為什麼它不動，並會因挫折而大哭，這些反應表示他是記得，有記憶的。

哲學家說人生是一步一腳印，在大腦中更是如此，要嬰兒的大腦正常發展其實很簡單，只要四個字「愛與陪伴」就夠了。

做事負責，成果就會跟上

一個都市要美麗，一定要有樹木，但是很多管理公園的官員和修剪樹木的包商對樹木的本質卻不了解，我們常常看到一排本來很漂亮的林蔭大道被亂修成禿頭或攔腰砍成一半。尤其台灣的夏天非常炎熱，每年盛夏都看到政府把可以遮蔭的大樹鋸掉或修剪成禿枝都令人扼腕嘆息。

我一直苦於沒有一本好的樹木的書來教育青少年，給他們正確的觀念，所以這次吳大猷基金會的好書選拔中，評審委員們都一致的選出了這本《世界第一位樹醫生：約翰．戴維》令我非常高興，真是英雄所見略同，此時此地的台灣非常需要這樣的書，希望這本書對台灣的環境保護能產生一些觀念上的作用。

約翰・戴維（John Davey）生在一八四六年的英國農家，沒有念過什麼書，但他學習的態度正確，遇到事情會去追根究柢，不只是知道怎麼做、什麼時候做，還要知道為什麼要這樣做。其實這就是科學的精神，靠著這種精神，他自己琢磨出一套照顧樹的方法，最後成為獨一無二的樹醫生。

當美國電信局為架電線要砍樹時，他率眾反對，建議當局讓樹長高，然後把中間會妨礙到電線的枝葉剪掉即可。我在新加坡看到他們就是用這種方法保留了高大的樹木，使新加坡成為花園城市（Garden City）又讓路燈可以照明老百姓。書中講了很多他模仿大自然去修剪樹木使樹長得更好、更強壯的方法，可以讓我們借鏡。

推薦這本書給青少年看的另一個原因是：雖然戴維沒有念什麼書，但是他做人的品格和做事的態度值得我們效法。

從小，他的父親就告訴他「一個人若做事負責，成果就會跟上」。一個農場若要有好的收成，不能只關心農作物的栽培，還要關心周邊的樹木是否生長得好，因為有樹木，蜜蜂才會來採蜜幫忙授粉，有樹木才能擋得住大風，有好的環境才會有好的成果。不但樹木如此，教育更是如此。

戴維在一間小學做校工，藉此機會讀書，彌補他童年失學之苦。後來他成名了，有許多機會跳槽，他都沒有。他發現很多人因為不了解樹木，才會做出傷害樹木的事而不自知，所以要教育民眾。他辦教育月刊，但不賣錢，因為他說：「不用訂閱，因為我沒有時間去記錄你的地址；不用付費用，因為我沒有時間去寫收據。」

這種完全為教育，不為名利的精神是我們的楷模，更是青少年模仿的對象。希望這本好書能帶給大家閱讀的樂趣。

訓練大腦就像鍛練肌肉

在台灣長大的孩子很少沒有被老師打過的，考不好要打，考九十九分也要打，因為老師的標準是一百分，少一分打一下。但是細想起來這個打是沒有道理的，若是學生已經盡了力仍然考不好，那麼打他就是懲罰他笨，這太不公平了，因為笨不是他的錯。所以當我看到《大腦解鎖》（*Limitless Mind*）的作者裘・波勒（Jo Boaler）說「犯錯是學習最好的方法」時，真是很高興。

實驗的證據是最強有力的說服方式，而很多實驗都已發現，躺在核磁共振儀中做數學題目的學生，犯錯時的神經迴路活化得比答對時更多，表示學習得更深。過去，我們都認為答對會增加孩子的自信心，使他有動機再學下去，忘記了訓練大腦就像鍛練肌肉一樣，要用重量去增加肌肉的阻力才能長出新的肌肉來，所以給孩子難題，挑戰他的極限才會增加他的腦力。

另外，書中指出，最有效的學習方式是自我測試而不是重讀（re-reading）。作者說，讀完先去回想讀過的東西，自我測試一下，如果想不出來，打開書再看一遍。這一遍你的印象會很深刻，因為你已經知道哪裡該補強。這就是孔子說的「學而不思則罔」。這個自我測試跟課堂考試不一樣，它不是給老師看，所以沒有被打的壓力。實驗顯示這是最有效的學習方式之一。

一般父母都希望孩子是資優生，若不是天生資優，也希望透過補習，變成資優。因此街上的智力測驗補習班生意都很興隆。但是這個做法對嗎？

有一個很有名的實驗特別指出，標示資優對孩子其實是不利的。這個實驗是給四百名五年級的小朋友做數學測驗，因為題目很簡單，學生都考得很好，老師在發卷子時，隨機把學生分成二組，對一組說：你考得很好，你很聰明；對另外一組說：你考得很好，你很努力。這是實驗唯一的操弄，其餘都一模一樣。第二天給他們做八年級的考卷，因為超越他們的程度，所以都考得不好。在發卷子時，老師說：你可以選擇看別人的考卷。結果被稱讚努力的那一組會去看考得比他好的人的卷子，心想：一樣都是五年級生，為什麼他會做而我不會做？但是被稱讚聰明的，會去看比他考不好的人的卷子，自己安慰自己：還有人考的比我爛。重點是第三天，老師把第一天的考卷再拿去給他們做時，被稱讚聰明的那一組成績下降了二〇％，因為昨天的經驗使他因被誇獎而生出的脆弱資優心崩潰，就考不好了。孩子的自信只有一個來源，就是長期的被肯定。假資優被戳破時，傷害更大。

其實天賦只是使你容易去做這件事而已，要成功還是需要努力。葛拉威爾（M. Gladwell）在《異數》（*Outliers*）一書中說：不管什麼事，做了一萬小時以後，你就是那個領域的專家。最近大陸有個年輕人破了轉魔術方塊的金氏世界紀錄。他說，每天醒來就練，大約練了十年。持續的練習改變了他大腦神經纖維外面包的髓鞘的厚度。髓鞘是髓磷脂，它的作用是絕緣，使電流在通過神經纖維時不會短路。髓鞘愈厚，神經傳導的速度愈快，我們的思考和動作就會愈快。

在讀到《大腦解鎖》前，我以為放牛班是台灣獨創的霸凌孩子方式，想不到國外也有。我不知道一個從事教育的人，怎麼忍心把開竅比較慢的孩子送進放牛班去受人嘲笑欺負，讓他一輩子抬不起頭來？作者花了很多篇幅介紹大腦和學習的關係，希望能導正大家對教育的許多錯誤觀念。

這本書是少見用神經學、實驗心理學的證據去闡述教育真諦的好書，我衷心希望父母和老師能好好的去閱讀它。

正向

創造新人生

靠自己，快樂才能長久

前一陣子美國學校因疫情而停課，學生在家遠距學習，球類校隊也停止訓練。想不到前幾天，一個十七歲的足球校隊孩子因不能去學校練球，在家裡上吊自殺了。這個消息震驚了很多人，學校做了一些調查，發現大部分的美國孩子因為不能跟朋友在一起而變得很不快樂。

其實快樂是自己從心中去找的，不是依賴朋友來使自己快樂的。這個觀念很重要，俗語說「靠山山倒，靠人人跑」，人必須靠自己，快樂才能長久。心理學的實驗很早就知道，人的快樂來自你的心態——你對事情的看法。沒有人使你不快樂，是你自己使你不快樂。

下課後，有個學生來跟我說，她有憂鬱症，過去的陰影一直籠罩著她，甩不掉。她每天最大的願望便是快樂，她不停的告訴自己「我要快樂，我活著就是勝利」，但是還是很不快樂，連起床來上學都要很大毅力。她問：怎樣才可以快樂？

我給她看一個為什麼人的想法或態度會影響神經迴路活化的實驗，告訴她，「要快樂只有一個方法，就是使別人快樂。你每天做一件簡單的好事，如幫雙手拿東西的人開門、讓座給孕婦……，當別人臉上浮現笑容感謝你時，你的大腦會因這個笑容而湧出正向的神經傳導物質——多巴胺，使你自己也快樂。這是件簡單的事，所以一定做得到。慢慢的，快樂的神經迴路會取代原來不快樂的神經迴路，你就快樂起來了。」

她千恩萬謝的走了，我也很高興自己今天做了一件好事。其實人心最重要，萬般在乎心，只要心存善念，凡事感恩，觀念一改，人就快樂了。

愈想快樂，愈寂寞

在高鐵上，坐在我後面的二個人開始低聲吵架，我急忙翻皮包找耳機，因為我要坐到高雄，須及早準備。果然聲音逐漸升級，在我還未找到耳機時，一個憤怒的女聲說：「it's not my job to make you happy!」是的，實驗發現，情緒是控制在自己的手上，它是認知對情境的解釋，你對事情的看法決定正負情緒迴路的活化——沒有人使你不快樂，你自己使你不快樂。

不知何時起，人們把「快樂」變成生命的最高目的，超越世間的一切，但在追求快樂時，忘記了快樂不是別人欠你的，要自己努力去得到的。

前一陣子，台灣鼓吹快樂學習，結果因為「不快樂」，高等微積分從必修改為選修，忘記了數學是科學之母。其實學習是辛苦的，學會以後才是快樂的。現在課綱刪古文，剝奪了學生享受古人智慧的機會，不知道古人的經驗是「學道酬苦」，不肯下苦工，哪會有成績？

加州大學柏克萊校區的研究者請大學生先填一個問卷「我只注重那些會影響我快樂的事情」，「即使我現在很快樂，我還是很關心我以後的快樂」，結果發現這些很注重每天快不快樂的人，對生活比較不滿意，而且容易在輕微壓力之下，就顯出憂鬱的症狀。

實驗者第二步把受試者分成二組，一組給他們讀快樂的文章，及看會引起快樂感覺的影片，另一組是讀理性判斷的枯燥文章，沒有電影看。當測試他們對於文章的感覺時，結果發現聚焦在自己的快樂反而會減少快樂的感覺。也有實驗發現一直想要快樂的人反而比較寂寞，因為太聚焦在自己身上就看不見別人，就沒有真心的朋友。

紐約大學的研究發現「想像成功」的策略，效果很差（即買小號的衣服掛在牆上，想像有一天能穿得進去、想像拿到奧林匹克金牌……），因為「正向遐想」（Positive Fantasies）雖很快樂，但會導向自滿，愈是想像自己成功的人，考得愈差，因為他們潛意識覺得自己已經準備的很充足了，就沒有再努力。這種遐想還有一個更大的缺點，失敗和遐想的差距愈大，打擊愈大，愈不能接受。

真正的快樂來自自我挑戰的成功，快樂若沒有意義便不會長久。人生苦短，當然要快樂，但是這個快樂必須有意義，而且是自己的汗水和努力換來的。

正向的訊息振奮人心

朋友常來我家拿舊報紙去剪貼。一天，正好被鄰居看到，便說：現在是什麼時代了，你還在看報紙？手機上要什麼有什麼，而且是即時的，舊的新聞怎麼還有價值？朋友沒有回答，笑笑地走了。

其實她剪報是有原因的。她母親有精神耗弱，不能忍受噪音，電視新聞又大部分是負面的，人會受到負面新聞的影響而心情不好，這是大腦中的鏡像神經元在作用，也就是同理心的關係。

她知道勸情緒不好的人「不要這樣想」是無效的，必須轉移注意力到正向的地方才能扭轉心情。因此她蒐集了許多社會上的溫暖小故事剪貼成冊，當母親心情不好，要去鑽牛角尖時，就拿出來讀給母親聽。

台灣每天都有很多好的事情在發生，如新竹幾個年輕人每逢假日就去淨灘、撈河裡的垃圾；也有人自己去復育螢火蟲和台灣原生種的百合花；更有人組織社區去護山、護河、寒冬送衣、過年送米，甚至連動物都會報恩，如一隻海鷗陪伴救他的船長十五年，每次船長出海，這隻海鷗便飛來停在在他身邊；一隻老狗每天在火車站等待主人回來……，他母親聽了這些故事，就開始回憶她家以前的大黃狗，如何在河邊拖住她的尿布不讓她掉下河、如何跟蛇打鬥救了她妹……，說一說，母親的心情就好起來了。

正向的訊息會振奮人心。好的新聞也值得我們一看再看，因為它報導的是人性的善良面，它會滋潤我們的心靈。

在經濟衰退、是非不分、黑白顛倒的時候，我們真的很需要媒體多報導一些正面的事蹟來鼓舞我們，使我們有勇氣面對第二天太陽的升起。

從內心找到生命的滿足點

一位英國朋友寄聖誕卡給我時，附了一段大家搶在英國再度封城前出去，車站大排長龍的視頻。說自從他八歲，母親帶他逃出被德軍轟炸的倫敦後，就沒有再看過這種景象。他感嘆這是人類自作孽的報應，現在他不能去女兒家，這將是一個寂寞的聖誕節了。我正要安慰他，他筆峰一轉，接著說：但是寂寞不見得是壞事，我正好利用這個機會讓我「預設模式網路」（default network）的灰質細胞多一點。

原來最近加拿大麥吉爾（McGill）大學的研究者發現，寂寞可以增加大腦做回憶懷舊、計畫未來等思考區塊的活化，使灰質細胞增多。這些區域便是預設網路區域，跟創造力有關。高創意者在設計圖案時，人腦這些地方活化的狀態比一般人大。這些地方其實就是我們發呆時，大腦所活化的區域，所以藝術家常眼神飄浮，若有所思。

這個研究是從英國UK Biobank資料庫中找出曾經填寫過「寂寞問卷」的四萬名四十到六十七歲人的大腦資料，比較「寂寞組」和「不寂寞組」預設網路大腦組織的大小。預設網路是人在做白日夢或感到寂寞時所活化的網路，這時人的注意力不在外面世界而在自己，所以激發的都是跟自己有關的人和事，一些時空交錯的各種念頭因此隨機浮上心頭，思緒從一個地方跳到另一個地方，就促發了一些以前未連接在一起的神經迴路。創造力在神經學上的定義正是兩個不相干的迴路碰在一起，活化第三條迴路，因此新的念頭就出現了。因為這次的樣本比過去所有研究的人數都多，所以這次的報告也特別引人矚目。

人每天需要一點時間靜下來，什麼都不想，沉澱一下。一些被壓抑的念頭，會因為沒有外力競爭者而浮上心頭，那些難解的問題常會因此突然豁然開朗、迎刃而解。

天下事都是有利也有弊，新冠肺炎的疫情迫使人們社交隔離，但獨處的寂寞也使人們靜下來思索。在新的一年開始，能除舊布新未嘗不是一件好事。但是寂寞不可長久，因為寂寞的比不寂寞的人得失智症的機率高了一．六四倍。

我們過去一直強調社會支持的重要性，但是那是借外力來驅除內在寂寞，假如一個人可以從自己的內心找到生命的滿足點，隔離就不會傷人，即使不能見面也就無妨了。

縫隙中也能燦爛綻放

朋友送來一盒摩天嶺的柿子，又大又甜。我讚嘆台灣的農人真了不起，能種出這樣的水果來。朋友聽了笑著說：「那你趕快吃吧！它可是柿子樹用命換來的。」我聽了大驚，此話怎講？她說，「柿子會落果，因此果農用電鋸在果樹幹環狀剝皮鋸一圈，讓樹感到生存危機，才會結出這麼好的柿子來。」置死地而後生？想不到果樹也懂這個道理，大自然真是太神奇了。

所有的生物都有維持自己基因生生不息的潛在欲望：雄性動物會盡量交配，把牠的基因傳下去；雌性動物會盡力保護牠的孩子，即使犧牲自己的生命也在所不惜，因為孩子身上有她的基因（雄性沒有把握下一代有他的基因）。植物也是一樣，沙漠中的仙人掌在下雨後，會馬上開花，在很短的時間內，完成傳宗接代的使命。這些不能言語的生物能執行藏在他們DNA中生存的目的，盡力完成自己的使命，這種生命力真令人敬佩。

有個朋友因為被詐騙集團騙光所有的積蓄，落入憂鬱的深淵，晚上沒有安眠藥不能入睡。有一天，他發現冰箱空空如也，不得不打起精神出門去買菜。當他低著頭走在路上時，突然看到瀝青的縫中長了一株小花，迎風搖曳。他當場痛哭流涕，回家把所有的安眠藥去掉，換上跑步鞋，從永和一路跑到西門町，回家後一夜好眠，從此振奮起來。他後來只要看到磚縫中有小花小草，就把它挖回家去種。他說，對這麼有生命力的東西，人應該提供它一個可以生長的空間，才對得起大自然。

最近連續聽到幾個大學生跳樓自殺，說不定在他們成長的過程中，能多提供一些體驗生命或實際感受到上天有好生之德的機會，或許他們就不會貿然放棄自己的生命了。

其實「求生存」是所有生物的本能，以前做老鼠實驗時，我們都知道「窮寇莫追」：老鼠被逼到角落，無處可逃時，會站起來反抗，很兇的張牙舞爪撲向你，即使明知打不過，也要拚命一搏。那個時候，即使貓，也會退一步。

逆境是所有人都不愛的，就像痛感是沒有人要的，但是痛是個警訊，讓我們立刻停止這個傷害的動作。其實逆境也是一樣，它讓我們看到順境時的幸福，學會反思和感恩。

你快樂，所以我快樂

疫情嚴峻之時，恐慌引起的焦慮很容易使人脾氣暴躁，加上學校停課、公司停班，一家人整天擠在小小的空間裡，累積的摩擦使人一不小心，就說出藏在心中不該說的話，難怪焦慮症大大增加。要對付這個現象，心理學上有二個方法：一是防禦性的悲觀，二是控制負面思想。

防禦性的悲觀是鼓勵病人把最壞的情況想像出來，然後寫下可能的解決方法。人一旦知道了怎麼應付，焦慮就減輕了許多。

負面思想較難控制，因為它的臨界點很低，只要一點提示，很容易就馬上觸發。過去醫生是勸病人不要這樣想，後來發現它一點用也沒有，愈不要這樣想，愈是會這樣想（這個實驗是叫學生「不要想白熊」，結果所有的學生都去想白熊了）。唯一的方式是用「你要的念頭」去取代「你不要的念頭」。所以在焦慮煩躁時，手邊要有一些能讓你啟動快樂感覺的回憶。

過去的研究發現，人可以很仔細的提取過去的情境，也可以重溫一次那個情境的感受，因此只要一感到焦慮快要出現，就立刻去啟動那個快樂的感覺，阻止焦慮出來。所以人需要有個快樂銀行，平日儲存最喜歡的照片或歌曲到裡頭，並練習提取，使一想到，快樂的感覺就能立刻出來。

人不太可能整天快樂，所以只要正向的感覺大於負面的情緒即可。一味追求快樂反而會使自己不快樂。情緒很抽象，不容易捉摸，心理學上有個測量情緒的方法：實驗者每天隨機打電話給參與實驗的大學生，問他們現在在做什麼，在〇到六的情緒量表中（〇：沒感覺，六：感覺強烈），你的數字是多少？再從快樂、緊張、憤怒、擔憂等情緒形容詞中，選一個出來描述你現在的感覺。這個方法可以算出情緒的指數，如一天清醒十六小時，有四個小時是在不愉快狀態，那麼你的負面情緒指數便是二五％。知道了自己平日的情緒狀態後，便可以去改變它，即從情緒著手，改變心情，最後穩定成性情。

情緒是個很容易受到環境影響的心理狀態，所以在疫情時，要盡量說好話，做好事，因為真正的快樂來自使別人快樂。

一個週六的早晨，我在市場看到有個國中女生在替她母親賣菜。那時正好有人問：這菜怎麼賣？她臭著臉，回頭大聲吼她媽媽說：「媽！這個菜怎麼賣？你不標價錢，是要我怎麼替你賣？」我聽了很驚訝，這怎麼是跟媽媽講話的態度？正要出聲，旁邊有個太太跟我眨個眼，也大聲說：「你真乖，星期六沒跟同學去玩，來幫媽媽賣菜。」她聽了一驚，緊蹦的臉馬上和緩下來，她那汗流浹背的母親也趁機討好的說：「是啊！這麼熱的天，幸好有女兒幫忙。」現場的氣氛就輕鬆了下來，後來有人再問價錢時，我注意到她的口氣好了許多。

當疫情變嚴重，自保的方式之一就是提升自己的免疫力。千萬不要被政客激怒，活著便是贏家。

體驗帶出感動，感動帶來改變

朋友知道我還是在用稿紙寫稿，便將他辦公室的廢紙拿來給我反面用。他跟我都生長在物力艱難的民國四十年代，那時紙張有管制，也很貴，我們都是用日曆的反面來做草稿紙，商家也都把信封拆開，裁成小張來記帳，連報紙都是新聞一張，副刊半張而已，所以我們都很珍惜紙張。

我有時看到他給我的廢紙根本沒用過，只是上面有點水漬而已，有時只有幾筆塗鴉，就被丟棄了，覺得很可惜，不免跟他說，他公司太暴殄天物。他苦笑說，沒有辦法，這一代的年輕人不曾吃過苦，不懂得什麼叫「匱乏」，現在做老闆的還不能多講，多講員工不愛聽，會在臉書上罵老闆小器，他們不珍惜，是因為不知道紙張的可貴。

的確，紙張一直到近代才便宜下來，不論中外，紙都曾經非常珍貴，甚至可以說，沒有紙，就沒有文藝復興。

十四世紀的黑死病使歐洲人口減少了三分之一，當同樣的土地養比較少的人時，人就吃得飽了。人吃飽了，才有餘力去想肚皮以外的事情；加上一四五三年東羅馬帝國滅亡，學者往西邊逃，帶來了新知和書本；蒙古西征又帶去了印刷術，文藝復興的出現好像萬事俱備了，但是還欠東風，因為沒有紙，就不能大量印刷，知識的傳播就有限，羊皮不但貴，還不能印。

當時對黑死病人屍體的處理方法是在城外挖個亂葬坑，一層石灰，一層屍體就地掩埋。二百年後，屍體上的衣服腐爛了，就成為做紙的原料。有紙來印書後，知識才得以傳播，人的思想才慢慢從中世紀歐洲黑暗時代中解放出來，所以說，沒有紙就沒有文藝復興。

朋友說的對，學生不愛惜是因為他們不知道沒紙的辛苦，於是我讓學生討論：為什麼漢簡刻的方式是從右到左、上到下？

他們最後交上來的報告有三大原因：慣用右手的人多、竹簡長形、漢字結構。原來人類祖先在山頂洞人時期，右撇子比例就跟現在一樣多，因為從挖掘出來的石器中發現，七五％是右撇子使用的；用竹子刻字時，慣用右手的人一定是右手拿刀、左手按住竹子，使它不移動才能刻，所以漢字是從右往左刻。又因為竹子得先刮平曬乾才能使用，費時費工，得來不易，所以會盡量把字擠在一片竹子上，因此字必須刻得很密。漢字的構造是左右偏旁容易混淆（如「都東」寫的不好會變成「者陳」），但是上下排列便不會，因為草字頭、雨字頭都是一個字的起點，用直的來刻時，即使很擠也不會誤認。漢簡便因材料和工具的關係變成右到左、上到下了。

只有體驗才會產生感動，只有感動才會產生改變。當學生體會到古代沒有紙的不便時，他們便覺得現在有紙真好，影印時就自動用雙面印了。

改變習慣不難，只要有心就可以改變！

為何要攀登人生第二座山？

知識，一般來說，可分專業和非專業兩種，專業的知識決定我們的職業和收入，非專業的知識決定我們是什麼樣的人。大衛・布魯克斯（David Brooks）所寫的《第二座山》（*The Second Mountain: The Quest for a Moral Life*）屬於後者。

作者是相當成功的《紐約時報》專欄作家，也是電視新聞評論員，擁有很多的讀者，但他在五十二歲離婚時，才發現自己雖然看起來很成功，在社會上也很有地位（也就是爬上了他所謂的第一座山），但活得並不快樂，甚至很空虛。他發現只有家庭關係親密、有知己朋友，並且能夠伸出手去幫助別人才會感到幸福。他把追求生命的意義比喻成登第二座山，並把這個覺悟寫出來，希望對別人有所啟發。

元朝陶宗義曾說：「不敢妄為些小事，只因曾讀數行書。」讀書使我們明理能辨是非，但是人生不只是做個奉公守法的好人，平順的過一生而已，人還得有抱負，創造自己存在的價值。聖嚴法師說：「生命的意義在服務，生活的價值在奉獻。」這就是這本書的宗旨：服務他人、貢獻社會。

我們小時候聽大人說「施比受有福」時，都很不解，錢留在自己口袋裡，要吃什麼就吃什麼，要買什麼就買什麼，不是比向別人伸手討更好嗎？而且接受別人的贈予當然比送出去給人家快樂，不是嗎？長大後才知道，給的人才是真正快樂的人，幫助別人使快樂維持的更久。有一個研究發現錢花在別人身上的快樂感高於花在自己身上，給快餓死的人一碗白粥，它所帶來的快樂感遠勝過自己的瓊漿玉露，因為這是錢真正的意義。

人的物質欲望會飽和，去年一塊錢帶給你的快樂，今年要一塊四毛才能達到同等的快樂。大腦科學的研究發現被人尊敬、受人景仰所得到的快樂與得到金錢報酬在大腦中活化同樣的區塊，甚至是同樣的強度。物質上的享受是穿腸過，而精神上的愉快是歷久彌新。作者在書中舉了很多例子來說明做善事幫助別人，受益最多的是自己，做好事使人心情愉快、遠離病痛。

人身難得，要好好利用

書中談到豐富自己內心世界的重要性。多年前，嚴長壽先生去德國旅行時，搭計程車，發現司機在聽古典音樂。他很好奇的問了一下，才知這位司機曾是大學教授。嚴先生說，開車只是個謀生用的職業，這位司機並不需要職位來肯定自己是誰，所以不管開不開計程車，他都是同一個人，他的氣質與涵養不因他的職業而消失。這就難怪愈有內涵的人愈謙虛，愈不注重外表的裝飾，因為他們知道自己是誰。反而是除了名利，生命一片空白的人不知道自己是誰。他們在事業有成，爬上山頭後，才發現高處不勝寒，這些虛名在夜闌人靜時，無法帶給他任何的溫暖。人需要別人的關懷與尊敬。我第一次聽到南非祖魯人（Zulu）見面打招呼的話是「我看見你了」，對方的回答是「我在這裡」

時，非常感動，我們要的不就是那句「我在這裡」嗎？

生命是個老師，但是教我們的東西常常是透過經驗才能得到，只是人生命有限，無法去經驗所有的事情，補救的方式便是閱讀，把別人的經驗內化成自己的，以有限的生命去成就人生最大的意義。

這本書對已經爬上第一座山的人來說，是暮鼓晨鐘，對正在爬第二座山的人來說是人生指引。佛家說人身難得，既然已經得到人身了，就要好好去利用它，做出一番事業來，以不負此生。

生命的目的在我們怎麼主動去扮演角色，而不是被動等著命運來分配。

何妨在假期放空

快要放寒假了，父母又開始焦慮，寒假不知給孩子上什麼補習班才不會讓他們空過時光？

這是個好問題，時光的確不可以空過，但是學什麼才最對他們最有利？

現在科技的進步非常的快，以前對「快」的形容詞，如日新月異、一日千里，都好像不足以描繪現代科技帶給我們的衝擊。我們的孩子離開學校，進入社會所要用到的知識還沒有發明，他要做的工作還沒有出現，因此在就學的階段，父母能替他們做的，便是打好他「聽說讀寫」四個基本功的基礎。這四個基本功就像個建高樓的鷹架，讓他可以持續往上爬，學習新的知識和技能。不過因為現在企業都是團隊合作的方式，所以孩子的人際關係也很重要。也就是說，光有知識和技術不夠，他還需要好的ＥＱ、可以和別人和睦相處。現在很多的企業在徵才方面，已經發出這樣的聲音：「我不在乎你硬體知道多少，因為硬體我可以教你，我要的是你的『軟體』，你得帶著它來我的公司。」「軟體」就是個人特質和學習能力，包括好奇心、學習力、社交力、熱情，尤其人格定型了很難改變，而一個公司的成敗除了領導人，其餘在於它員工學習的態度、敬業的精神和高度的群體向心力。所以這個寒假父母不妨朝這些方向去思考。

說實在，知識易得，人品難求，尤其是人際關係，孩子一定要學會，最重要的人際關係是他和他自己的關係，他得看得起自己，別人才會看得起他。很不幸的是，大部分的孩子在目前分數掛帥的制度下，對自己鮮有信心（畢竟每一班的第一名只有一個，而且即使是第一名，也會擔心自己隨時會被第二名所取代），所以必須培養出孩子的長處，他對自己才會有信心，父母可利用寒假從這方面去加強。

在二十一世紀，掌握資訊就是掌握勝機。掌握資訊要靠閱讀，因為眼睛是吸取訊息最快的方式，比耳朵快了三倍；掌握勝機則需要原創力與反思能力。實驗發現這二者都必須在大腦的放空的情況下才會發生。

神經學家發現躺核磁共振中的大學生，在解完一道數學題，等待下一題目出現時，大腦會進入一個叫做「default」的狀態，就是我們平日胡思亂想、做白日夢的狀態，這個狀態愈強，創造力愈高。但是創造力並非無中生有，它是在每個人都看到的東西上，看到別人沒有看見的地方。也就是說，用別人沒有想到的方法，看到別人沒有看到的東西，想到別人沒有想到的地方，這需要孩子心思放空、思緒自由翱翔才有可能，所以這個寒假不要把孩子的時間塞滿，給他一點自由的時間去冥想和反思。

蘋果的賈伯斯（S. Jobs）說的好：「真正的智慧不是單一領域的專業知識，而是以意想不到的方式結合不同領域的能力。」請帶孩子去書店或圖書館，挑他有興趣的書，如有可能，和他討論，確定他有讀懂。

假期本是休息的時間，給他計畫，給他規範，讓他在這短短三個星期的寒假中，既休養到了身體，也充實了心靈。

保護耳朵，降低失智風險

朋友的孩子喜歡大聲的聽搖滾樂，又因鄰居抗議，他改用耳機聽。雖然我們都過勸他大聲對耳朵有害，他不以為意。結果最近被診斷出中度重聽，無法逆轉了。

過去，我們都以為我們是用嘴在說話，其實我們是用耳朵在說話，人的嘴巴只能發出他耳朵聽到的聲音。實驗發現，法國人講英文口音很重是因為他們耳朵聽到最好的高頻範圍是1000-2000HZ，而英國人聽的是2000到12000HZ。美國人的英語頻率是800-3000HZ，比較接近法國人的耳朵，所以法國人講美式英文比較容易。法國的研究者做了一個過濾器，把不要的頻率過濾掉，只放大他要的頻率來幫助正在學英文的法國兒童，結果發現效果很好。

研究也發現，當某個頻率聲音帶有重要訊息時（如警報聲），大腦聽覺皮質區掌管這個頻率的大腦地圖會馬上變大，使聽的清楚。當這個頻率停止後，大腦地圖又縮回原來的大小。我們在吵雜的雞尾酒會中，一開始只聽到嗡嗡的雜音，一旦你有意識的鎖住某些談話後，其他的聲音就變小成為背景，而你想聽的聲音就被放大，你就聽見了。但是假如環境突然出現很大的聲音時，這個聚焦能力（zooming）會馬上被反射反應關掉，來保護耳朵。研究也發現噪音會降低孩子的智商，在吵雜的環境中，人會煩躁不安、血壓上升、學習效果減低。

環境對聽力也有影響：山區、海邊或一望無際的草原會把某些頻率放大或縮小，住在這裡的人講話就有「口音」。所以美國山區的人常被大都會人叫鄉巴佬就是因為口音不同。

聽是說的根本，大部分聾生說話的機制完好，但是因為聽不見，沒有回饋，所以就說不出來。回饋很重要，大腦依賴它來改進說話的表現。上個世紀有些唱歌劇的聲樂家後來不能唱了，不是他們的嗓子出了問題，而是他們唱的高音量把他們的耳朵唱聾了，聽不見就唱得不好，他們的歌劇生涯就結束了。

聽障者失智的風險比一般人多二到五倍，因為聽不清楚時，大腦必須花更多的時間和精力去處理聲音，認知負荷變重，就影響了工作記憶和其他認知功能。

聽覺是最早成熟的感官，要愛護它，因為它要伴你一生。

接觸大自然，健心又健身

常聽到父母親抱怨小孩子很難帶，動不動就發燒，一燒就是四十度，半夜得跑醫院掛急診。有的父母甚至感到內疚，覺得是自己不會帶孩子，讓孩子一直生病。其實小孩生病發燒是他的免疫系統在打仗，完全不是父母的錯。

原來我們免疫細胞在胎兒還在子宮時就開始發育了，他們在發展的過程中，會把對胎兒身上脫落的蛋白質發動攻擊的免疫細胞剔除，這就是所謂的「株系剔除」（colonal deletion）。這個歷程很重要，因為會對自己身體的細胞展開攻擊的細胞是很危險的，很多疾病如狼瘡（lupus）、類風濕性關節炎（rheumatoid arthritis）就是自體免疫系統的錯亂，自己人打自己人，所以萬萬不可讓它們留在系統內。這種自體免疫的病很頭痛，因為它們跟細菌無關，不能用抗生素，它不是病毒引起的，也不能用抗體，更不是腫瘤，無法切除，所以株系剔除的歷程非常重要，除惡務必要盡。

等到胎兒出生時，他的免疫系統已經準備好了只攻擊外來的細胞。但外來的細菌和病毒很多種，有的無害，有的有害，他們怎麼知道要打誰呢？我們身體中有很多無害的細菌，例如我們細胞中的粒腺體就是細菌，在遠古的時候進入了細胞，現在成為細胞動力的來源；腸胃中也有很多幫助我們消化的細胞，把纖維變成營養，並合成身體需要的維生素。免疫系統必須要趕快學習分辨敵友，而這種分辨只有從經驗中學習，因此它們對侵入的細菌反應一開始時比較慢，先靜觀其變，看它是敵還是友，一旦確定是有害的敵人，免疫系統便會火力全開，傾全力去對抗，以彌補當時沒有立即反應，讓細菌或病毒坐大的缺失。

所以孩子不發燒便罷，一發燒便會比成人高，這是他的免疫系統在作用。這時父母可以做的便是想辦法把熱度降下來，睡冰枕是一個方法，用溫水擦拭孩子的額頭或身體都可，就是不能用古老的方法給他包大棉被，所謂悶出汗來，因為體溫太高會把大腦燒壞，耳朵燒聾，造成孩子終身的不幸。

我們的免疫系統有著驚人的記憶力，過了幾十年，仍會認得這些外來的細菌和病毒，把它們撲殺，所以小孩一定要接種疫苗。大部分的疫苗注射一次後，便可以終身免疫，只有少部分需要在若干年後再打一次。

過敏則是免疫系統的過度反應，發動戰爭去攻擊小時候沒有接觸過，但無害的新物質所造成的現象。現代敏感的人數比過去多很多：有人對海鮮敏感，有人對花生醬敏感，有人對空氣中的花粉和灰塵敏感，為什麼會這樣呢？

有一個學說叫「衛生假說」（hygiene hypothesid），認為現在的衛生條件比以前好太多了，孩子比過去接受到細菌的機會減少了很多，太過乾淨的環境剝奪了免疫系統學習分辨敵友的機會，在分不清敵友時，免疫系統就展開攻擊，造成過敏反應了。所以很多醫生都建議父母在孩子小時候養一些寵物陪伴他，一方面培養他的愛心和責任心，另一方面增強他的抗體，提供機會給孩子的免疫系統見識各種有害、無害的外來物質以學會分辨敵友，減少將來過敏的機會。

很多遊客去印度或一些衛生條件不夠的第三世界國家旅行時，常會瀉肚子或發燒，但當地人卻好好的，甚至吃蒼蠅叮過的食物都沒事。除了免疫力之外，研究也發現人的腸道有很多細菌，這些寄宿在腸道中的細菌可以把進入身體的有毒細菌殺掉。古人說的瘴氣，很可能就是空氣中一些毒性較強的細菌，當人身體中沒有這些抗體時，接觸到這些細菌就會生病，而世代居住在濕熱地區的當地人，他們身體內的免疫力已經練出了一身本事，跟細菌共生了。其實四川、湖南等濕熱地方的人都嗜辣，因為辣椒中的辣椒素可以殺菌。

至於嬰兒為什麼不能一出生就打疫苗，而要等到三個月大以後再打，這是因為太早打無效，嬰兒的免疫系統還未準備好，在免疫力還沒有練習完成時，小孩子會生病發高燒是正常的，父母不需要為此而憂心。

我們平常生活的空氣中，真的有很多的細菌和病毒。只要飲食起居正常，屋子空氣流通，常帶孩子出外接觸大自然來鍛練他的免疫力，就是抵抗疾病最好的方式了。

睡飽天下無難事

自從一九八九年，日本任天堂推出掌上電玩遊戲機Game Boy後，老師便開始寫條子請父母帶孩子去看醫生，看是否有過動症（ADHD），因為他們上課不專心、注意力不集中、記憶力不好。但醫生仔細檢查後，卻發現沒有問題，不需要開藥。那麼他們為什麼上課的表現不好呢？原來孩子晚上熄燈後，偷偷在棉被裡玩電玩，睡眠不足，第二天上課便無精神，研究者這才發現，原來睡眠跟孩子的注意力、記憶、學習有巨大的關係。

睡眠分速眼運動睡眠（Rapid Eye Movement, REM，即做夢）和非速眼運動睡眠（NREM），做夢是在編故事，把白天發生的事跟以前的事做組合（integration），而NREM是反思（refection），重新整理白天發生的事。二者功能不一樣，腦波的型態也不一樣。

NREM睡眠時，眼睛閉上了，大腦不會吸收新資訊，只能重新播放已經經驗過的東西，所以睡覺時放外語錄音帶沒有用，只會白浪費電池而已。

做夢時則不一樣，因為此時的肌肉已經全部放鬆了（atonia），大腦像劇院一樣，要上演白天的戲了。我們的腦波恢復到白天的貝塔波，眼球開始跳動，好似在看東西了。為什麼做夢時肌肉要放鬆呢？相信很多人都有過這個經驗——夢到踩樓梯，一腳踩空把自己蹬醒。這是因為肌肉若沒有全部放鬆，而大腦去做夢，你會把夢境演出來，如打人、夢遊，這是危險的，因此大腦就下指令：放鬆。你就不知為何的到了樓梯上了。腦波儀顯示肌肉的放鬆和眼球跳動與貝塔波是同步的，表示在做夢了。

在非速眼睡眠時，大腦把白天所學的東西透過固化（consolidation）作用強化後，轉移到長期記憶中儲存起來。固化歷程很重要，它保護訊息不流失。實驗發現有睡覺和沒有睡覺的記憶相差二〇％～四〇％，連睡個二十分鐘的午覺對記憶都有幫助。在非做夢時，大腦快速的倒帶，檢視白天發生的事，這時神經發射率比白天快二十倍，只有這麼快才能夠及時把十六小時的東西在睡眠的八小時內處理完。

在做夢時，大腦會把白天發生的事拿出來相互連接，並與過去的經驗組合，以建立一個更符合外界的內在心智模式，更新我們洞悉（insight）和解決問題的能力。因此睡眠幫助創造力，有些百思不得其解的難題，在做夢時，答案會出現。如美國卡內基－美隆大學把學生早上十點找來做解決問題的實驗，因為很難，學生都不會，實驗者便請他們先去上課，晚上十點再來實驗室做一次；另一組是晚上十點來做，解不出來時，請他們回去睡覺，第二天早上十點再來實驗室，二組的情況都一致，都是間隔了十二個小時，只是第二組是晚上睡了一覺。結果發現睡眠對解決問題有幫助，第二組的學生早上再看到這個題目時，解答出來的人比第一組多了二十二個。

這種例子很多，如德國的化學家在夢見蛇咬尾巴後，就解出苯的化學結構。若讓受試者睡，而不讓他做夢（一發現他眼球跳動和貝塔波出現就把他搖醒），他的學習會嚴重受損。所以要孩子功課好、有創意，需要讓他睡得飽。

睡眠不足的確影響注意力，這個實驗是請所有的受試者先睡滿八個小時候，再來實驗室報到（確定他們在實驗開始前的睡眠都是飽足的），第一組整晚不准睡（但只能做七十二小時），第二組每天晚上睡四小時，第三組六小時，第四組八小時，這三組實驗持續二個禮拜。結果發現當螢幕出現光點，要他們盡快按鍵時，第一組表現最糟，失誤率到四〇〇%；第二組在連續六天只睡四個小時候，表現跟二十四小時沒睡一樣，到十一天時，他們的表現跟四十八小時沒睡一樣；第三組有睡六小時，但十天後的表現跟二十四小時沒睡一樣，這三組的表現都是一直壞下去，有人甚至連光點都沒有看到。所以孩子若睡眠不足的話，他們上課的表現真的和過動症的一樣了。

另外，睡眠不足會傷害免疫系統，睡眠少於三小時，免疫能力降低五〇%，期末考前，孩子容易感冒就是為此。

知道了睡眠的重要性後，父母了解該如何安排孩子的作息了。中國有句老話「留得青山在，不怕沒柴燒」，知識反正學不完，但健康是一切，寧可功課做不完也要讓孩子準時上床睡覺，保護他的健康，因為只有人在，所學的一切知識才有意義。

終身益友何處尋？

我把成績單交出去後，這學期便算結束了，但心中卻覺得有些遺憾，因為疫情關係，學校倉促停課，我無法像以前一樣給畢業生一些人生的忠告。倒是因為期末考改為線上交報告，讓我看到一些學生心裡的話。

有學生在報告尾端寫道：「我不能相信我竟然會想念到學校上課的日子，以前上課時，都在想如何蹺課，現在居然懷念起課堂的時光了。」另一個學生則說：「以前被課業追得喘不過氣來，每天希望地震或颱風，現在則期盼能趕快回到學校去上課。」人都是沒有失去不會珍惜，我想起有一次在課堂中，請學生寫下他們最快樂的經驗，有好幾個同學寫「失而復得」。我們真的太容易把眼前的一切認為是理所當然，如果沒有失去，就不會覺得可貴。相信有了這番體驗，下學期蹺課的同學可能會少一點。

大部分同學的報告選的題目是「大腦與情緒」，表示人際關係是最困擾他們的一點。麻省理工學院曾在招生簡章上說：「教育不只是傳授知識，更重要的是讓學生能跟他有同樣理想和熱情的一起追逐他人生的夢想。」進大學的目的之一就是交到志同道合的終身益友，這一點也是我想跟畢業班學生談的話。

俗語說，「單絲不線，孤掌難鳴」，人需要朋友相扶持，但是怎麼才能交到好的朋友呢？這需要觀察，需要智慧，尤其急難時，看他的同理心和價值觀，所謂「疾風知勁草」，只有理念相同，品德高尚的人，友誼才會長久。更重要的是不要因為一次被騙受傷就駐足不前，有的時候人生的經驗是要用代價換來的，我們不怕犯錯，但是不要犯第二次錯就好。

唐武周時，武則天信佛，要求大臣吃素，不准殺生。有個大臣過生日，偷偷殺了一頭豬，還好心送客人肉包子。誰知第二天早朝完畢，這個大臣就被叫到武則天面前，問他昨天殺了豬沒有？這個大臣嚇得魂飛魄散，說不出話來。武則天便將肉包子拿出來，並把告密的大臣叫上來對質。這大臣一看，嚇得跪在地上渾身發抖、以為死定了。武則天說：「你是忠臣，又是初犯，朕不追究，恕你無罪」，然後指著那個告密的奸臣說：「你要小心擇友，下次請客，不要請像他這樣的人。」

忠誠是做人的第一要件，武則天暴露告密者身分，顯示她也不齒告密者的行為。其實「來說是非者，便是是非人」，說人閒話易惹禍上身。時間雖不值錢，但金錢買不到時間，不要浪費寶貴的時光在八卦新聞等不值得的東西上。

當然，要交到好朋友，自己先要做好別人的朋友。古人常從朋友來斷定這個人可不可交是有道理的。

人生路很長，若不慎交到損友會像那個大臣一樣，差一點賠上自己的性命。清朝張英臨終時，告誡子孫「保家莫如擇友」，子孫謹守遺命，果然興旺了六代。

最後，我跟學生說：暑假中多讀書，書本是你最好的朋友，永遠不會背叛你，請多親近它。

信任，人類最珍貴的情操

一個好不容易升到督導的社工告訴我她想提早退休，因為工作沒有成就感。她說要把一個家暴的男生送進監獄，需要多次的家訪蒐集證據，但是男的一出獄，女的又回到他身邊，繼續挨打，令她覺得在做白工。她尤其不能接受的是，好不容易把吸毒又虐待孩子的父母送去戒毒，孩子卻撲上前去抱父母的大腿，不讓父母走。她說難道孩子不知道自己身上的傷痕就是父母下的毒手嗎？

對受虐者離不開施虐者的原因很多，在此先不談，但是孩子離不開打他的母親是有演化上的原因。威斯康辛大學的哈洛（Harry Harlow）教授曾用猴子呈現了這個現象。

他把一出生的小猴子和一個鐵絲網做的母親放在一起，這個母親身上有一個氣囊，只要小猴子撲到母親懷裡討抱，就有空氣噴出來打牠的臉。哈洛以為這個空氣槍的威力會嚇走小猴子，想不到小猴子卻抱的更緊，愈被打，愈要媽媽抱。

紐約大學沙利文（Regina Sullivan）的實驗解釋了原因。她給出生十天以上的老鼠聞一個味道，這個味道一出現，就有電擊來電小鼠。這時小鼠的杏仁核會立刻活化，分泌壓力荷爾蒙皮質醇出來，使牠逃離這個味道。但是假如這隻老鼠出生還不到十天，那麼牠不但不會逃避這個味道，反而會「依附」（attach）著這個味道。

實驗者發現小鼠在子宮中是可以分泌皮質醇的，但是出生幾個小時後，牠的腎上腺就急劇萎縮，但十多天後，牠又恢復原狀，可以分泌大量的皮質醇。原來這個皮質醇對大腦的發育有害，演化使幼鼠選擇關掉腎上腺直到大腦發育完成，反正天塌下來有媽媽頂。

果然，實驗者把母鼠一拿開，幼鼠的腎上腺立刻變大，恢復分泌皮質醇的能力來應付緊急事件。因此，這個現象的關鍵在皮質醇的分泌（若注射皮質醇到出生十天幼鼠的杏仁核中，杏仁核就活化起來了，牠就逃避這個味道，但是用藥物阻止二週大幼鼠皮質醇的分泌，牠就不會害怕這個味道），而皮質醇的關鍵在媽媽。當媽媽在旁邊時，給小鼠聞味道並電擊牠，牠不但不會害怕這個味道，反而會「附著」它。因為如果母親不能信任，天下還有誰可以信任？

這個信任作用非常強，即使母親打牠、餓牠、虐待牠，牠也還是黏著媽媽，因為除了媽媽，牠沒有別的選擇。

嬰兒對母親的信任，使他會吃下母親給他的任何食物，所以醫生常勸母親要盡量給幼兒吃各種不同的食物，使他長大後不偏食。

信任是人類最珍貴的情操之一，也是安全感的基石，更是幸福的泉源。台灣自疫情之後，因政府發放疫苗的出爾反爾，使老百姓對政府失去了信任，人民好似前面說的受虐兒，為了那一針疫苗，抱著發放者的大腿，再怎麼無理也只能忍受。但是真的如此嗎？我們是有選擇權的，我們要選擇一個能被信任的政府，我們的要求不多，我們只要一個免於恐懼的生活，這是任何一個國家都應該給它國民的最低要求。

心態改變，一念間

一位朋友是大型醫院的護理長，每天忙的沒有時間吃飯，見面時都在抱怨累，所以常她可以退休時，我們都替她高興，以為她可以好好的享受人生了。想不到今年見到她時，她說她又回去上班了。

原來退休後，時間突然過的很慢，白天等天黑，天黑又等天亮，而且身體各處毛病都出來。所以去年疫情緊張，醫院缺人手時，她就回去上班了。只是現在的她，不再抱怨，每天心懷感激的去醫院報到。

想來心理學家是對的，心決定我們的情緒，左右著我們的健康。比如在雞尾酒會，聽到有人講你壞話，你原本要生氣，但回頭一看，是你的老闆，你會馬上躲開，不但不敢生氣，心裡還想「好險！差一點被他看到」；但是如果講你的人是你的下屬，你的反應就完全不同了，你會當場變臉，叫他明天去你的辦公室聽訓。

人的心態其實決定在一念之間。曾有一個研究：把旅館的打掃人員分成兩組，一組對他們說：整理一個房間會耗掉你身體若干卡洛里，等於你在健身房鍛練身體，所以你雖然在上班，其實等於在上健身房，請好好享受不用付錢，還有薪水拿的瘦身機會。另一組則沒有任何的指示。一個月後，實驗組的體重、血壓、血脂都下降了，而控制組沒有任何改變，顯示心態會實質的改變身態，心物是一元的。

所以改變一個人最快的方法是改變他的心態，台大的校長管中閔年輕時並不想讀書，但是他心態一變以後，不但考上了大學，還選上中研院的院士。在教育孩子上，請用說服方式去改變他的心態，這樣的效果會事半功倍。

不要因小利，失去自己的人格

一本書要長遠流傳，必須靠口碑，在台灣一本書能出修訂版，一定也是口碑好，書能在市面上持續流通，使出版社覺得有必要用同樣名字將新的訊息納進來，再出版一次。通常用同樣名字時，會擔心讀者一看就說：「啊，這本書我已經有了。」便忽略掉「增訂版」這三個字。但是敢用「增訂版」也就是為了抓住老讀者的心：「好高興，作者又有新的話要說了。」所以增訂版其實是一種自信的表現，知道作者有一群忠心的粉絲，他們會繼續閱讀作者的作品。當然，它也趁機吸引新的讀者，「這本書是講什麼的呢？怎麼會賣到增訂版呢？」

我會有查理・蒙格（Charles T. Munger）的這本《窮查理的普通常識》

（*Poor Charlie's Almanack*），也的確是因為口碑來的。有一次在電台與蔡穎卿老師對談的時候，她告訴我，她有一本好書，很喜歡，覺得受用無窮。我感嘆太忙，都沒有時間逛書店，錯過了很多好書。她很細心，聽我說沒時間上書店，下節目就去買了一本寄給我。我真的大受感動，尤其看完後，覺得蔡穎卿老師是對的，這本書很值得推薦給學生，而且是愈多人看到愈好。我因此在每個學年度結束，學生要畢業時，買這本書送他們作畢業禮物。

我自己一直珍藏著蔡老師送我的這本，因為這本書不但是蒙格一生智慧的結晶，對我還有友情上的意義。人生的智慧不容易累積，我們都是老得太快，卻成長得太慢。經驗固然是人生最好的教練，所謂「不經一事，不長一智」，我們卻無法只靠自己的經驗來成為智者，因為人的生命太短，而要學的東西太多。我在每學期上課的最後一天，都會在課堂上把蒙格的話告訴學生：你們出社會後，會有許多選擇，也有許多誘惑。你們心中要有一些處世原則，才不會迷失在紅塵中，記住，符合你的價值觀的才可以去做，不符合的，千萬不要因小利，而失去自己的人格。

智者會從別人的經驗學習

那麼，那些原則是什麼呢？第一就是不要賣你自己不會買的東西；第二，不要替你看不起的人做事，你如果在工作上學不到東西，就要考慮換工作；第三，每天起床時要想辦法比昨天變得更聰明一點，當你活得夠長時，你就成功了。

每次我講到這裡，學生都會笑，但是它是有道理的：智慧是人生經驗的累積，每天變得更有智慧一點，能做出更好的決策，寫出更好的文章，教出更好的學生，久了，你不就是一個成功的人了嗎？

蒙格的這句話其實跟曾子說「吾日三省吾身」是同樣的道理，反省完了，知道自己的過失，下次改正了，做人當然就更進步一些了，朋友多，仇人少，人生的路不就順暢多了嗎？

一般來說，我們會喜歡一本書也跟我們欣賞作者的人品有關。蒙格跟巴菲特合作了六十年，兩人沒有拆夥，這是非常難得之事，因為我們都了解「合字難寫」。他們兩人也都實踐了孟子說的「富貴不能淫，貧賤不能移」的士大夫精神，也因為他們兩人都有相同的價值觀和人格特質，他們才能攜手合作一甲子，道不同，是無法相為謀的。

蒙格的高尚人格使他的這本書更成為年輕學子的人生指南。我鄭重的推薦這本書，它應該是每個年輕人的案頭書，當離開校門，到社會打拚，碰到困難時，把書打開看一下，看看蒙格會怎樣做。

智者會從別人的經驗中學習，愚者只從自己的失敗中學習，我衷心的希望台灣的每個年輕人都能做個像蒙格那樣的智者。

人生要看遠，莫徒務近功

天文學對一般人來說，是個深奧且跟生活沒有關係的一門學問。雖然每個人小時候都對天空有很大的好奇心，也都有過夏日夜晚「臥看牽牛織女星」的經驗，但是這個好奇心在進學後，很快就被國英數所取代，父母也鼓勵孩子去念有應用性、容易找工作的科系。天文學在填志願時，常常不在前十名之內，雖然我任教的大學天文所很有名，但同屬理學院的我們，真正去過天文所、知道他們在做什麼的好像也不多，就遑論「黑洞」在一般人心目中究竟是什麼了。所以我很高興終於有一本可以讓學生了解天文學是怎麼做研究的書出來了。

《黑洞捕手》這本書不難讀，因為它沒有高深的數學方程式和天文理論，相反的，它像一本傳記文學，把台灣如何參加國際探究黑洞計畫的過程寫出來，讓學生知道每一個成功都是許多人蓽路藍縷，同心協力的成果。作者陳明堂在書中詳述夏威夷和格陵蘭觀測站建立之過程，天時、地利和人和缺一不可，而其中最重要的是「人和」。找對了人、天時（格陵蘭冰封半年，沒有趕上六月的船期就只能再等一年）、地利（觀測站要放在哪裡？別人的領土允不允許我們建？）都可以克服。

在書中，讀者可以看到科學追求真理無國界的精神（在看此書時，正好全球新冠病毒疫情嚴重，看到有國家抱著隔岸觀火、幸災樂禍的態度不禁憂心，因為病毒也是無國界的）為了一究黑洞是什麼，國際上有能力的國家（因為天文觀測的儀器非常的昂貴）攜手合作。這種科學精神是我極力推薦此書的原因之一。現在的科學任何一個領域都無法單打獨鬥一定要團隊，集眾人之力共同成就一件事，這個精神在國內還相當缺乏，各校門戶之見還很深，要在國際上出人頭地，我們一定要團結一致對外才有可能。這本書應該可以給想走學術研究之路的年輕人一些啟發。

與其抱怨，不如做好眼前事

另一個我很感動的地方是作者在念博士時，因為讀的超流體這個領域很冷門，他怕畢業出來會找不到工作，便去跟指導教授商量（改題目？換教授？），教授很嚴肅的說，做學問最重要的是「學會做研究的方法與態度」，Bravo！這就是念研究所的精髓，只有日夜跟在老師身邊做實驗，才學得會做學問的態度和方法，因為它是一個內隱的習慣。學位絕對不是一紙文憑可以涵蓋的。

以前我們常能從一個學生做實驗的態度判斷他是誰的學生。我在加州大學爾灣醫學院做博士後研究時，我的老闆叫Arnold Starr，他是神經科的系主任，我第一次看到他時，他蹲在地上，用刀片把黏在地板上變黑的口香糖刮起來，他不能忍受實驗室有不該存在的東西。他治學和訓練學生一絲不苟的態度使他的學生走出去別人馬上知道，因為態度不一樣。我很高興看到作者做了明智的選擇，留下來接受良好的治學訓練，這使他一輩子受用不盡。

另外，與其抱怨環境不好，不如把工作做好。作者初去實驗室時，需要一台能夠把氦的溫度降到絕對零度以下的儀器，以觀察液態氦的流動。當時實驗室只有一台報廢的超低溫冷凍機，他是老闆唯一的學生，沒人可幫忙，只好自己動手做。靠著看操作說明書把它修到可以用，使他能順利蒐集論文資料，畢業。這個看似挫折的經驗使他後來在中研院天文所負責夏威夷望遠鏡的工作，因為他有動手組裝儀器的經驗。所以人生要看遠一點，很多目前是不利的情況，好好做，以後都會帶來想不到的收穫。

最後，我想講一句，很多人罵聯考一試定終身，但是教改二十多年下來，我們不得不承認，當年若沒有公平公正的聯考制度，很多孩子，包括作者，是不可能有今天的。國旗歌說「守成不易，莫徒務近功」，想來真是感慨。

在心裡大聲唱最喜歡的歌

朋友一直為她的孩子在學校中受到語言霸凌而難過。這孩子是兔唇，雖然做過整型手術，但仍然看得出。為此，孩子常被同學排擠。她試著用建立孩子的信心去抵抗嘲弄，但是對一個十三歲的女孩來說，那是緩不濟急。她問我：有辦法可以堵住耳朵，使聽不見別人的閒言閒語嗎？

有的，小時候我父親曾教過我一個好方法——在心裡大聲唱你最喜歡的歌，用內在的聲音去抵消外在的聲音。當你的注意力轉移時，就聽不見雜音了，而且唱歌是個愉悅的事，它會使你微笑，這使捉弄你的人傻眼，因為他要的是你哭，結果你不但不哭還笑起來，幾次以後，他就放棄了。

我告訴朋友，閒話好比水上寫字，風一吹，字就無影蹤，學習不去理它。

大腦有可塑性，人可以被訓練去做他本來不擅長的事，因為運動物都可以。

大陸有個年輕人在山上以養雞為生，他沒有錢蓋雞舍，所以只好放養，但是雞有很多天敵，老鷹、黃鼠狼和蛇都會吃雞，防不勝防，怎麼辦呢？想來想去，唯一的方式便是訓練雞自己保護自己。老鷹只能抓小雞，大雞抓不動，所以他把小雞先在屋內養大後，再放出去。但是黃鼠狼和蛇就難搞了，他必須用雞的長處去對付天敵的短處。於是他每天帶著飼料爬山，邊爬邊餵，讓雞群跟在後面登高，使雞腿有耐力，善跑。爬到山頂後，他就把雞趕到懸崖邊，把雞推下去，迫使雞飛。久而久之，他的雞就變得能飛善跑，這樣黃鼠狼就吃不到了。

蛇會吃雞蛋，但是公雞的爪有足距，尖銳的雞爪可以抓破蛇的肚子，這樣偷雞不著，蛇反而變成雞的晚餐。

我看到雞蛇大鬥非常震驚，過去雞被人養在雞籠裡，所謂「野鶴無糧天地寬，籠雞有食湯鍋近」，舒適久了，就失去戰鬥性，不敢去跟蛇拚了。經過訓練，他每個月雞的損失就從一五%降到了五%。同時，他的雞因為運動量大，肉比較結實，人們比較喜歡，一斤比別人反而多賣了十幾元。

所以碰到問題，不要期待別人改變，先去想如何改變自己來解決問題，因為改變自己比改變別人容易多了。

霸凌現在已是學校的文化之　，父母除了多關心，還得要想辦法教孩子如何保護自己才行。

人是聽見了，才會唱

我知道A picture worth a thousand words，但直到最近，我才感受到另一種picture的威力，它竟清楚的說明了台灣教育幾十年沉痾的來源。《聽見歌，再唱》這部電影讓父母和老師看到，原來壓在孩子肩上的重擔是自己的手加上去的，而去壓的方法很簡單，只要我們改變心態，不再挑孩子毛病，看見他的長處，接受他的短處就好了。

台灣的孩子缺乏自信心，假如自己跟別人不一樣，那必然是自己的錯。片中原住民的孩子去參加歌唱比賽，聽到別人唱的與他們不同，馬上驚慌想逃回部落，不敢上台。老師厲聲問：為什麼你們會認為他們唱的才是對的？答案是：因為我們從來都是錯的。校長反思：我們是不是太少給孩子鼓勵了？為什麼孩子在聽到掌聲時，每個人的眼睛都發亮？

當自信心浮現，就會不一樣

自信心是學習的根本，人一定要覺得自己可以學，才學得會，當你覺得不行時，即使會，你也不會了。史丹佛大學狄威克（Carol Dweck）的實驗就是一個很好的例子：她給四百名五年級的小朋友做一份簡單的數學考卷，因此大家都考的很好。在發考卷時，老師隨機把學生分成二組，一組跟他們說：「考得很好，你很聰明」，另一組說「考得很好，你很努力」。第二天給他們做八年級的考卷，大家都考不好，但是那些被稱讚聰明的孩子心慌了：我不是聰明嗎？為何不會做了呢？第三天，考的是第一天的卷子，他們的能力在第一天就已經知道了，但是這次那些被稱讚聰明的學生成績卻下降了二〇％，因為他們的自信心在昨天被毀掉了。

截長補短是個很錯誤的教育觀念，它使每一個人都知道自己的短處，卻不知道長處在哪裡，因此都很自卑。尤其短處補來補去不如別人的長處，長處又沒有機會發展出來，最後成長為一無是處的人。有個笑話說，中國人的青春期二十九歲才開始，因為中國人到二十九歲才知道自己可以跟別人不一樣。

片中沒有告訴我們他們比賽的結果，但是結果並不重要，因為當他們上台唱自己的歌時，自信心出現，他們的人生已經不一樣了。

至於為什麼這部電影的片名叫《聽見歌，再唱》？布農族的耆老說他們沒有五線譜，他們是用耳朵在唱歌。這，完全符合現代大腦科學的理論，人是聽見了，才會唱。

放下的藝術

一個向來開朗的朋友最近總是眉頭深鎖，原來和她相知三十年的朋友突然不跟她說話了，而且也不解釋原因，這令她非常難受，茶飯不思。

我看到這情形，立刻告訴她不要折磨自己，因為「不知道為什麼」對大腦是個懲罰，我們的大腦有個天性，對不合理的情形會去找理由把它合理化（這就是所謂的「認知失調」），同時管記憶的海馬迴會不停的反省自己，想找出得罪人的原因。這個牛角尖鑽下去會嚴重損害她的健康。我叫她趕緊「放下」，日久見人心，讓時間來解開這個結。不幸的是，朋友是人生快樂的泉源之一，每個人都需要別人的認同和接納，她放不下來。

這使我很感慨，人需要朋友，所以溝通的技巧很重要，但是它總被忽略。

學校有語文課，卻很少教如何委婉不傷人的表達意見，使原可幫助的「友」成為對抗的「敵」。

溝通是個藝術，需要高度的同理心。中學時，老師說鍾子期死後，伯牙就不再鼓琴，因為沒有知音了。當時我很好奇，什麼樣的友誼才叫知音？為什麼這種朋友會「心有靈犀一點通」？

當大腦同步，就會有知己的感覺

最近因為新儀器的出現，現在可以直接看到心靈契合的大腦情形。這個儀器叫做「功能性近紅外光譜儀」（fNIRS），是利用血液對六百～九百奈米近紅外光（Near Infrared）的散射性來偵察大腦的活動。它跟核磁共振很相似，也是計算大腦中帶氧血紅素和去氧血紅素的差別，但是它無噪音，又輕巧容易攜帶，最重要的是比核磁共振便宜，因此現在很多實驗室都有這個設備，利用它允許稍稍移動頭部的好處，來窺視大腦的活動。

有一個實驗是給孩子和大人（父或母）都戴上fNIRS的電極帽，然後記錄他們一起玩遊戲或親子共讀時大腦的情形。結果發現當他們很有默契（即親子互動良好）時，前額葉內側皮質的腦波一致性很高，幾乎是同步的（這個叫作coupling），但是孩子坐在媽媽身上，沒有和媽媽眼睛接觸，而是觀察媽媽和別人說話時，孩子大腦和媽媽的同步性就差很多。研究發現兩人的同步性愈高，溝通效果愈好，孩子學習的效果愈強。

這個同步性應該就是現在年輕人說的「來電」。想不到它竟真的有大腦電流的真實性：兩人大腦同步（synchronize）時，會出現知己的感覺，當雞同鴨講時，大腦就各走各的路了。

清初，納蘭性德有一首詩很好，「等閒變卻故人心，卻道故心人易變」，人本來就是會變的，有緣就在一起，緣盡就散吧！人生免不了有缺陷，不妨還諸天地，不受擾。

素養——活出新未來

別再少一分打一下！

科學是個很有趣的事，人腦發明了電腦，現在電腦反過來，幫助人腦解開人類如何學習之謎。法國著名的神經學家狄漢（Stanislas Dehaene）從教電腦如何去模擬人腦的學習，領悟出人類學習的法則，因而寫了一本《大腦如何精準學習》（*How We Learn*）的書。

他從實驗中發現，大腦只有在感知到它的預測和實際認知之間有缺口時才會學習。也就是說，人類的學習是大腦中先有一個外在世界的模式，然後將輸入的外在世界訊息和內在的模式相比較，若有不符，則修改內在模式去符合外在世界。因此，假如沒有錯誤，大腦就沒有學習，人類只有在事件違反預期時，才會學習。他說驚訝是學習的基本驅力，學習就是降低不可預料性，這個基本的學習原則連嬰兒都適用。

有個實驗發現，當一個十一個月大的嬰兒看到一輛汽車穿牆而過時，他會張大了嘴、瞪著這個不可能的情況看很久，因為這現象和他大腦內在的物理法則不符。假如你給這個孩子玩剛剛看到的這輛汽車，他會拿起汽車去敲牆壁，確定這汽車是實體的。相較於其他沒有違反物理原則的玩具，他會玩這輛汽車很久，因為他想了解剛剛是怎麼一回事。

犯錯有助學習

這是為什麼小孩子（甚至大人）都喜歡看魔術，因為它違反了我們的預期。狄漢一直強調有驚訝才有學習，每一個出乎意料之外的事件都會導致大腦內在模式的調整，我們是靠修正錯誤來學習的。

假如狄漢是對的（他是，因為他有實驗的證據），那麼為什麼我們的教育要懲罰錯誤？老羅斯福（T. Roosevelt）總統說：一個從來沒有犯過錯的人，是一個從來沒有做任何事的人。老師只要告訴學生哪裡錯了，應該怎麼做才對，這個詳細的錯誤回饋資訊，就可以幫助學生很快的學習，而且不費力的進步，因為人工智能（ＡＩ）就是這樣學習的。

錯誤回饋是學習最有力的方式，它不是處罰。懲罰只會扼殺學習，使孩子心生恐懼，不敢再去嘗試。我們不允許犯錯的觀念，扼殺了學生的創造力，使無數的學生恐懼學習。最近澳洲的研究也發現，學生所接受到的回饋品質，決定他們學習的成敗，羅馬格言「是人就會犯錯」（to err is human），請學校不要再少一分打一下了。

善用傾聽的智慧

親子的溝通很重要，很多悲劇的發生都是因為親子溝通不良。現代的父母跟孩子的溝通要記得「多聽少說」，不但不可以說「我早就告訴過你」之類的話，還要讓他覺得你支持他，沒有批評或數落他。朋友給了我下面這個例子。

有一天，她念小四的孩子放學回家，一進門就放聲大哭，說：「媽，小明剛剛打我、推我，還害我摔跤。我要用大石頭打他，我要用刀殺他，我要……，」母親靜靜聽完孩子的發洩後，說：「好，媽來幫你。」她便上樓去抱了些衣服和棉被下來。孩子很驚訝的問：「媽，這是幹什麼？」母親說：「用石頭打人是傷害罪，會捉去關，媽替你準備了幾套換洗衣服；用刀捅人，那關得更久了，我想你會需要一些棉被。」孩子聽完想了一下說：「算了，我不喜歡住監獄，其實我也有打他。」這個有智慧的母親沒有說教，但是讓孩子自己省悟到他憤怒反應的不當。

其實，很多時候，孩子哭鬧是他們覺得父母偏向外人，明明被欺負是天大的事，父母卻只會說：「沒有關係。」他們尤其討厭父母說：「你也要檢討一下自己，為什麼老師不打別人，只打你？」這種話會讓孩子覺得父母不愛他，他被打了，父母還站在別人那邊指責他，叫他反省，他就哭的更大聲了。

其實人在氣頭上是不會反省的，這個媽媽看似縱容孩子，其實她是讓孩子自己去想氣憤行為的後果。最重要的是，孩子的氣消了，親子的關係也保存了，而且以後孩子願意回家告訴父母他在外面發生的事。這一點是親子溝通最大的目的。父母掌握了這一點，就不擔心孩子變壞了。

做功課前，不要罵小孩

最近接到好幾個父母的詢問：「聰明是天生的嗎？如果成績不好，有方法可以使他成績變好嗎？」

不知為何，我們華人非常迷信聰明，好像只要孩子聰明，其他一切都沒問題，其實這觀念非常錯誤，我們都聽過「聰明反被聰明誤」這句老話。成績不好，有可能是孩子尚未開竅或是對學習沒有興趣。

人的智慧是先天（基因）和後天（環境）的交互作用，其中，環境比基因更重要，因為大腦會隨著環境的改變而改變它的神經連接。美國心理學家雷恩（Adrian Raine）曾在毛利塔利亞島上追蹤了一千八百名男生和女生的智力表現，結果發現三歲時，外向活潑有冒險精神的孩子到十一歲時，智商比一般孩子高了十二分（這是很大的差距），他們的學業表現和閱讀能力也比一般孩子好。這是在控制了性別、父母的社經地位、教育程度後依然如此。他認為孩子的冒險好奇是因，智商的增加是果。外向愛冒險的孩子的經驗比較多，在遇到新情境時，比較知道如何反應。

研究發現，只要是主動搜索的訊息都會進入大腦被處理，但是實際動手做的效果比用眼睛看來的好。西諺有一句話，「告訴我，我會忘記，讓我參與，我會記得」，動手做還是最有效的學習方式，因此要讓孩子去探索，但是人的生命有限而要學的東西太多，因此孩子必須透過閱讀來克服這個時間的障礙。

閱讀是把別人的經驗內化成自己的知識最快最好的方式。人不可能事必躬親，但是在閱讀別人的經驗時，書中的描述會活化我們的想像力，使我們好像自己也在做一樣，這就加深了我們的記憶，使學習效果變強。

實驗發現，想像一個動作跟實際做這個動作，在大腦中活化同樣的區塊。神經學家發現，請鋼琴家躺在核磁共振中，想像他在彈貝多芬的奏鳴曲，所活化的神經迴路跟他實際動手彈是同一個地方。因此，父母可以從增加孩子的生活經驗及啟發他閱讀的興趣著手，提升他的學習力。

至於孩子成績不好，這一點父母要先檢討，有沒有因責罵，使孩子對學習失去興趣？每個孩子開竅的早晚不同（這有基因上的關係，如果孩子是大雞慢啼，請父母看一下，家中是否有開竅晚的長輩），如果每次學習都挨罵，孩子會恐懼學習。人在恐懼時，訊息不會進入大腦，即使用打罵方式，管記憶的海馬迴也不會儲存它，因為人在恐懼時大腦會停止很多神經傳導物質的分泌（人在緊張時不會肚子餓，也不會有性欲）。所以孩子在做功課前，請先不要罵他，一邊哭，一邊學的東西大腦是不會儲存的。

天下沒有不可教的孩子，只要我們不認為他「笨，學不會」，耐心等待他大腦的成熟，他自然會以好成績來回報你。千萬不要在孩子小的時候，因成績而剝奪他的自尊心及對學習的興趣。

太早玩3C，傷害大腦發展

我家附近有個小學，每到放學時間就有很多家長等在校門口接孩子，其中不乏推著嬰兒車的媽媽，帶著小的來接大的回家。一天，我有事經過，發現五個嬰兒車中，有四個寶寶在玩手機，不覺大驚，他們看起來不到兩歲，這未免太早了吧？正巧那天一位小兒科醫生來信說，每次門診，他都勸父母不要太早讓孩子玩3C產品，但是父母都說有控制玩的時間，所以不會對孩子眼睛造成傷害。他問：有沒有大腦的證據來說服父母？

有的，而且因為各個國家都有這個問題，所以研究的論文很多。其實最大的傷害不在眼睛（至少可以戴眼鏡矯正）而是以後注意力缺失過動症（ADHD）的可能性。對一個有ADHD的孩子，上學是無止盡的折磨，功課不好還會被同儕霸凌看不起。這些挫折不但傷他的自尊和自信，還增加輟學的機率，使他整個人生不一樣。所以太早給孩子玩3C產品就像飲鴆止渴，買得暫時的安寧，但以後的代價太大。

3C產品對兒童大腦發展傷害的證據很多，早在二〇〇四年時，西雅圖華盛頓大學兒童醫院的小兒科醫生克里斯塔基斯博士（Dr. Dimitri Christakis）就發現，十個月大的嬰兒每增加一個小時看電視時間，七歲時得ADHD的機率增加一〇%。最近更用核磁共振和腦波儀，直接看到電視對學前兒童大腦的影響。

有個實驗做了三十個四～六歲的幼兒園孩子，把他們分兩組：螢幕組是老師念螢幕上的繪本童話給孩子聽；故事組是同一個老師拿著同一本書念給孩子聽（一邊問孩子問題）。兩組在實驗前，都先確定他們在注意力、語言和空間的認知能力上都一樣。實驗做六週，共十八次，每次三十分鐘。六週完畢後，把孩子帶進實驗室測量他們在休息時（resting state）的腦波。

先前的研究已知人在進入睡眠時，會有4~8Hz的δ波出現，看電視時，

δ波會增加（這是為什麼電視看看就會睡著）。ADHD的孩子δ波比一般人多，而清醒警覺的β波（13-30Hz）較少，他們δ與β的比例比一般人大。這次實驗果然發現螢幕組的腦波型態跟八～十六歲注意力有困難的孩子很相似，但這次孩子的年紀更小，雖然螢幕組是視覺（故事書上的圖片）和聽覺的刺激，他們在看時也很專注，但在大腦中，這個專注的程度不及聽老師講故事，因為「被動」的凝視電視，訊息所活化的注意力和想像力的迴路比較少，沒有跟真人互動，對注意力不利。我們在跟人說話時，眼神的接觸和手勢的比劃會強化大腦的警覺（alert）系統，使正腎上腺素的分泌增，強化學習的效果。

其實，二十年前心理學家就發現社會互動（social interaction）在學習上是必要，實驗發現，學習外國語言光靠電視教學是不夠的，學習必須與真人互動（這一點，現在做遠距教學的老師們應該很有感覺，我們一樣教授內容，但學生的吸收就是不一樣）。

孩子的童年很短，他肯要你陪的時光也不過是十年左右，不要把他隨便丟給保母或機器人帶，親情是人一生最珍貴的感情，請好好的把握它。

現在你不讓他哭，將來他讓你哭？

老子說，「禍兮福所倚，福兮禍所伏」，天下事都是福禍相依，利弊相隨的，比如說，沒有光，我們看不見東西，但是光太強，會傷眼睛。

很多新手媽媽不知道寶寶已會翻身，常是在換尿片時，寶寶從盥洗檯翻落到地上才知道。因為浴室是梳洗和化妝的地方，燈光通常比較亮，這亮度對嬰兒來說很刺眼，當不舒服時，動物的本能會驅使他逃避，三個月大的寶寶肌肉還不聽大腦的使喚，但當肌肉逐漸有力後，他為了避光，一翻身，就掉下來了。

朋友的孩子就是在換尿布時翻下來，她害怕會腦震盪，還抱去掛急診。她特地來信問：人的眼睛不是有眼皮嗎？為什麼嬰兒不把眼皮閉上？

他們有閉，但是眼皮擋不了強光，盲人雖然看不見，還是知道白天和夜晚的差別。一般牙醫在不鑽牙時，都會把手術燈關掉，免得病人不舒服。

光的傷害比我們想像的大（其實刑求有一招就是用強光照犯人的眼睛，使他因為不舒服分心而說錯話）。我常看到年輕的母親在大夏天推著嬰兒車上街。小嬰兒還不會坐，大多是平躺在嬰兒車內，斜射的陽光常常會照射到他的眼睛，這時我都會想起《吊人樹》（*The Hanging Tree*）這部電影，猶疑著要不要告訴母親這樣對嬰兒不好。

這是一部一九五九年的好電影：一八七〇年代，蒙大拿（Montana）州一輛驛馬車遭盜匪搶劫而翻車，車上的女乘客被甩出來，面朝上昏迷在山坡上，當被救時，她的眼睛已經被太陽連曬三天曬瞎了。

嬰兒剛出生時，眼睛還未發育完全，是個三百度左右的近視眼，動眼神經外面的髓鞘也尚未包完成，還不太能聚焦。所以一歲半前的幼兒看電視都會坐的很前面，因為他看不清楚。嬰兒眼球的軸徑一開始時只有十六毫米很小，要到三歲才長到二十三毫米。這是為什麼不要給七歲前的孩子玩手機或平板電腦等3C產品，因為會傷眼睛。

嬰兒不會說話，但趨吉避凶是動物的本性，嬰兒也不例外，不舒服時，他們會用哭來表達需求。不要不理嬰兒的哭泣，因他也有情緒。若是尿布乾的，才餵過奶而嬰兒仍然哭，抱起來、拍一拍安撫一下，不要不理睬。那句「現在你不讓他哭，將來他讓你哭」是錯的、不人道的話。曾經有父母相信日本這種育嬰手冊的話，狠心要讓孩子哭到睡著，硬是不去抱他，結果第二天早上，發現孩子已經死了，哭到吐奶沒處理，噎死了。也有幼兒園老師發現這種方式養育的孩子脾氣不好，很自私，不合群。幼年期的需求未被滿足會影響長大後的人格，合理的愛不是溺愛，不要怕會寵壞他，連法律都不外人情，何況自己的孩子，怎麼忍心看他哭到無聲？盡信書不如無書。

人世間最幸福的事便是被愛，這包括動物在內，我常為沒人愛的流浪貓狗感到難過。其實孩子不難帶，只要了解他為什麼發脾氣。大人在生氣之前請先從他的角度去看一下他的需求。不要忘記那句笑話：你為什麼穿那麼多衣服？答：因為我媽冷。

善用同理心，讓自己安靜下來

聯合國兒童基金會（UNICEF）認為幼兒教育應該著重在情緒控制和好習慣的養成，而非認字和數數。的確，大腦發展的研究發現教導情緒控制和習慣的最佳時期是二到三歲左右，五歲後，曲線就平下來了，表示最好的時機已經過去了。

情緒教育中最重要的是同理心，也就是孟子「人溺己溺」感同身受的體驗。其實，惻隱之心人皆有之，當我們看到別人的手被針扎到時，我們也會感到痛，只是痛的程度因人而異而已。

同理心是與生俱來的，它的大腦機制——鏡像神經元是一出生便在運作了。例如醫院育嬰室中的嬰兒只要一個哭，其他的也會跟著哭；幼兒看到別人哭，他雖然不知道為什麼，也會哭起來。

同理心在孩子的社交能力上扮演重要的角色，了解別人的需求，感受到別人的痛苦，並且願意伸出手幫忙，這種有同情心的孩子一定會有朋友的。

同理心需要先有窺視別人內心狀態的能力，即所謂「察言觀色」的能力。這個觀察力需要教，雖然有些孩子天生就比較伶俐，但大部分是需要父母耐心教導才會發展的更好。

我們大腦顱內十二條神經中，最長的一條叫「迷走神經」（vagus nerve），它連接我們的五臟六腑，當孩子哭時，他的肺、胸、胃都劇烈收縮（所以孩子大哭會吐奶）。同理心會使迷走神經鬆馳，使孩子安靜下來。比如說，孩子在公共場所吵著要喝水，但飲水機壞了沒有水喝，這時如果用以前我們父母輩那樣說：「安靜，不准哭，不可以在公共場所給我丟臉。」或是「這裡沒有水，等回家再喝，現在不准吵。」這種嚴厲指責的話，反而會使孩子哭鬧加劇，引起別人側目。這個時候，最好的方式是用同理心告訴孩子：「你口很渴，是不是，好想喝點冰水喔！媽媽知道口渴很難受，很可惜這裡的飲水機壞了，不然媽媽會抱你起來讓你大口去喝個夠。」當你把他的感覺講了出來，承認他口渴（注意「承認」這兩個字，很多時候孩子大哭，是他不舒服而你不承認他有原因，認為他在無理取鬧，研究發現，即使二歲的孩子被冤枉時也會委屈的哭個不停），一旦他覺得他的需求被你了解、你有同情他時，他的感覺會好很多，他會把頭趴在你肩上不哭了。

有研究發現，在看病時，如果醫生的心跳和皮膚溫度跟病人同步的話，病人恢復得比較快（這叫生理的同步physiological synchrony，臨床上也觀察到，有同理心的醫生，他的病人好得比較快，手術的併發症比較少）。也就是說，當病人感覺醫生有在聽他講、關心他時，他的情緒會緩和下來，當人體本身的免疫力不再受到情緒的壓抑後，病就好得快一點了。

其實孩子也是，喬治華盛頓大學醫學院小兒科的葛林斯班（Stanley Greenspan）教授在他《優秀孩子的十大關鍵能力》（*Great Kids*）書中說：「同理心來自對別人的感同身受，如果你跟你的孩子互動時有三〇%是有同理心的，你便會有個快樂的孩子。」父母可以先教孩子什麼樣的感覺叫什麼情緒（這樣可以幫助他用語言、而不用哭的方式來表達），然後教他有這個情緒時該怎麼辦，最後讓他知道這個情緒的發作對別人的影響。比如說，別人把你的玩具弄壞了，你很生氣，這叫憤怒（mad），你也會很難過，這叫傷心（sad）……。你要告訴孩子有情緒是正常的，但不一定要用哭來表達。最後父母教他從別人觀點來看，體會別人的感覺，從而排解自己的情緒。例如二個孩子在公園裡搶盪秋千，父母可以說：「你很喜歡盪秋千對不對？盪的高高的，風吹過來好舒服，對不對？小明也很喜歡被風吹的舒服感覺，你要不要讓他也感受一下？」或是「你把他的鉛筆弄斷了，他就不能寫字了，明天交不出作業會被老師罵，是不是？你要不要把你的鉛筆借／送給他……。」記得要同時告訴孩子他的情緒行為對別人的影響，當喚出他的同理心時，負面的情緒通常可以消除掉。

培養孩子的同理心沒有捷徑，父母只要把握住「感同身受」這個竅門，假以時日，孩子自然成長為有同情心，又肯分享的好孩子了。

孝順可以教嗎？

朋友是位名律師，專門處理民事案件。最近她將二十年的辦案經驗寫成書，請我寫序。我讀完後非常震撼，沒有辦法下筆，因為裡面的案子太可怕，如子女爭產，父死不下葬；房屋過戶後，棄養父母等種種人性的陰暗面，令人不忍卒讀。

我小時候，父親曾跟我們講康熙的兩江總督噶禮因試圖弒母，被凌遲處死的故事。父親說他原是康熙的寵臣，但弒母天理不容，被逃過一劫的母親向皇帝告狀說：「譬如當初不生，當初不養」，所以被處極刑。父親當時說這個故事時臉上不齒的表情我到現在還記得，也馬上了解，再怎麼豐功偉業（噶禮跟康熙出征過噶爾丹的叛亂），但是不孝「罪不容誅」。我們的文化是這樣傳承下來的，但是為什麼我們現在會淪落到這個地步呢？

朋友說現在的孩子不知什麼叫孝順，工業社會的小家庭制度使父母不再跟祖父母住，孩子在成長的過程中，沒有看過父母孝順祖父母的樣子，所以沒有榜樣可仿效。加上台灣現在全盤西化，徹底奉行西方的個人主義，孩子要求隱私權——父母不可以沒敲門、沒他的允許進他的房門。甚至還敢嗆父母：「我沒有要求你生我，是你要把我生下來的，所以我沒有養你的責任。」還在庭上辯說，因為不是他選擇來做這對父母的子女，所以他不需要為父母生他這個行為負責任，因此沒有奉養父母的義務。最近還有更離譜的——孩子向父母要錢，母親說沒有錢，孩子竟然說：「沒有錢，你也敢生我？」

她感慨的說，過去的社會是養兒防老，只要有兒有女，便不愁老無所終（難怪京劇《販馬記》中有「人生有三苦，少年喪父，中年喪妻，晚年喪子」），現在的潮流則是養老防兒，她都勸父母錢要抓在自己手上，沒到最後一分鐘不放給兒女，免得被棄養。她嘆口氣後，反問我：孝順可以教嗎？怎麼教？

可以教，但要從小教。最有效的方式是身教：在日常生活中不經意的重複做給孩子看，它的機制是耳濡目染。

孝順最主要的是順，是不頂嘴、不忤逆。其實只要心中對父母有敬，自然不會有忤逆行為出現。敬很重要，奉養父母不是只有物質上的衣食而已，孔子說：至於犬馬皆能有養，不敬何以別乎？態度很重要。

大陸有個笑話說父母「六十歲時是籃球，七十歲是排球，八十歲是躲避球」，因為六十歲還有體力可以帶孫子，大家搶著要；七十歲父母做不動了，就成了排球，大家推；八十歲是「年過八十不留宿」，子女躲著不見面了。這個笑話不好笑，很淒涼。人不能用利用價值來評量自己的父母，客家有句諺語：「青竹莫將老竹欺，嫩筍也有變竹時」，自己將來也會老，這個現世報是很快到來的。

孝順父母是普世的價值觀，不管社會多進步，人還是受父母的恩養才會長大。愈是在競爭激烈的ＡＩ時代，人類的親情愈重要。機器人不會替你擦眼淚，父母是世界上唯一不會嫌棄你、背叛你的人，人一定要孝順父母。

管好舌頭前，更要管好肢體動作

日前去銀行辦事，被門口一個雙手交叉抱胸、側身睨視的人型板嚇了一跳。雙手交叉抱胸是一個拒人於千里之外，嚴格的說，就是「怎麼樣，想找碴嗎？」的挑釁姿態。小時候在街頭看太保打架就是這個樣子。我很不解，做生意不是應該和氣生財嗎？擺出這等兇相，誰敢上門？

後來問了位媒體朋友，才知道這是最新的拍照樣板，要故意顯現出「霸氣」——有氣派、有自信的樣子。她說，不信你去看，不管什麼行業，現在打出來的廣告都是如此。果然，學術研討會的海報，演講者一個個都是雙手交叉抱胸，睨視著你；宗教團體辦慈悲系列講座，找的講師也是雙手交叉抱胸；連大學校長交接，前後兩任校長的照片也都是雙手交叉抱胸。這種姿勢在武術館門口或打擂台時很合適，在其他地方，尤其學術殿堂，就值得商榷了，因為人上有人，天上有天，學術最怕自滿——我說了算。

朋友說：「老師，現在的社會不一樣了，人們喜歡霸氣，連功課好都叫學霸。」是的，現在學生的確很霸，認為付了學費，買了上課的時間，用不用是他的事，你管不著。唉！真的懷念以前溫良恭儉讓的厚道風氣。

素養就在舉手投足間

其實，非語言的訊息量比語言大，常有人得罪了人，自己都不知道。更厲害的是，這個非語言溝通是跨語言、跨文化的。芝加哥大學的研究者曾來台灣做這方面的研究，因為中華文化非語言的蘊藏豐富，如端茶送客：主人不必偷看錶也不必暗示，只要端起茶來，客人就得起身告辭，不然就是「不識相」。這是我小時候最嚴厲的罵人話。

其實非語言溝通就是待人接物的基本禮貌，《顏氏家訓》說：「教婦初來，教兒嬰孩，識人顏色，知人喜怒。」這個察言觀色要靠平日留心大人如何應對進退。如果主人沒有請你坐，你不可白行坐下；跟人說話時，眼睛要看著對方（人若討厭一個人時，會避免和他眼神接觸，如果老闆跟你說話眼睛不看你時，你可以準備打包）。素養就是在舉手投足間表現出來的人文氣質，無法靠補習來速成。

研究更發現，手勢和眼神比語言在大腦中處理的速度更快，人在管好舌頭之前，可能更需先管好他的肢體動作。

做人的道理，什麼事都離不開

我很喜歡《致富心態》（*The Psychology of Money*）這本書，因為它內容豐富，例子有趣，作者豪瑟（Morgan Housel）在評論成效時，有敦厚長者之風，使我在讀的時候，彷彿是父親在跟我們說話，而且英雄所見略同，本書的重點跟我父親教誨的重點很相似，只不過本書作者舉的是當今美國的例子，而我父親舉的是古人的例子：例如我父親喜歡舉韓愈的「貧不愁來富莫誇，哪有長貧富久家？」，講石崇鬥富，綠珠墜樓的故事，而作者則舉他在當泊車小弟時，那些開名車、戴名錶者最後破產的故事；我父親告誡我們要多聽少說，他說，聆聽才會學到東西，說話是什麼也學不到，談判時，不要當搶先說的一方，要讓對方先亮他的底牌，再從他陳述事情的漏洞中來反駁他；作者是舉洛克裴勒（John Rockefeller）常引述的詩提醒大家：「看得愈多，就說得愈少，說得愈少，就聽得愈多。」要我們學貓頭鷹那樣，不說話，讓人摸不到底。智者都告誡我們要多聽少說，摸不清別人底細的人，做事一定失敗。

天道酬勤，人道酬誠

書中說，沒有什麼叫意外，從未發生的事始終不停在發生，墨菲定律的「凡有可能出錯的事就一定會出錯」是所有人，不管任何行業，一定要牢記在心的教條。人絕對不可以做了計畫以後，就死守著計畫不改變，因為在現今瞬息萬變的社會中，靈敏應變度比IQ還重要（應變力現在叫AQ, aptability quotient），目前在職場要有四Q：IQ、EQ、AQ和CQ（文化智商）才能出奇致勝。書中那些人性弱點，正是我們在上課時，警惕學生出社會要小心的例子，不過遠來的和尚會念經，看書可能比聽老師講有用。

作者告誡年輕人不要打腫臉充胖子，財不露白，不要買別人看得見的東西來炫富。富有的定義不是你有多少錢，而是你還完債後，還有多少錢。社會上很多看起來很有錢的人其實是空心大佬倌，真正富有的人是低調的、不炫富的，如股王巴菲特到現在還住在他當年起家時的老房子裡，沒有像別人一樣，一有錢馬上換豪宅、開名車。反而是那些爆發戶（大陸叫土豪）一有錢馬上炫給別人看。如果人不懂得守財，財富很快就會離你而去。父親常說「人兩腳，錢四腳」，四隻腳的跑得比兩隻腳的快。會賺錢還得會守財，若不懂這道理，金山銀山也是轉頭空。

作者還告誡我們不可貪。書中古普塔（Rajat Gupta）的例子太震撼了，相信學生看了一定不敢再做違法的事。古普塔曾經是世界首屈一指顧問公司麥肯錫的執行長，又是高盛投資銀行等大公司的董事，身價至少一億美元以上，但他卻為了一件內線交易的案子入獄，身敗名裂。巴菲特說的好：「他為了賺那個不屬於他、也不需要的錢，賠上了自己所有的一切。」這就是貪。難怪佛教把貪嗔痴列為三大毒，佛教也有四大禍根：酒是穿腸毒藥，色是刮骨鋼刀，氣是下山猛虎，錢是惹禍根苗，這些都要避免。

曾有人問，做生意需不需要有基因？為什麼猶太人、中國的徽商、晉商都比較會做生意？其實這是環境對他們行事風格的影響，猶太人有句格言：如果你不會微笑，你就不要開店。人在商場中，看到成功的人如何把做人的法則：「天道酬勤，地道酬善，人道酬誠，商道酬信，業道酬精」用到事業上，耳濡目染久了，就成為成功的商人了。其實，萬法歸一，做什麼事都離不開做人的道理，這本《致富心態》也不例外，只要心態正確，做事誠懇，即使不大富大貴，一生也會過得平安無慮。

從鮭魚之亂看品德教育

清明節的時候，我和二位同事被塞在高速公路上，我本來很不耐煩，但是看到現在還有這麼多人不辭勞苦，慎終追遠，扶老攜幼的回鄉祭祖，不快就消失了。同事看我微笑，便說：「不知道那些改鮭魚名的人，他們的祖先認不認識他們？」

的確，名字是我們跟祖先的維繫，祭拜時，先要報自己的名字，加上第幾房、幾世孫給祖先聽，以前男丁出生要祭祖，改名也是要祭告祖先。許多家族的名字還有排行，族人再多，以排行認輩分就不會錯。我去新加坡，看到同宗，只要知道名字，就知道他們應該叫我姑姑還是姑婆。南洋人重男輕女，因為我是女生，所以沒有排行，只取單名，為此，我父親還跟祖母爭過。另一個同事聽了感嘆說，中國人很在乎名字，如果名字可以為錢而賣，那麼天下沒有什麼不可以賣了。

我想起小時候我父親常講的梁紅玉擊鼓退金兵的故事：韓世忠把金兀朮困在黃天蕩，黃天蕩像個口袋，韓世忠把守著袋口，金兵無法逃脫，眼看就要全軍覆沒，想不到有個漢人秀才，為了一千兩黃金，出賣了宋朝，告訴兀朮，黃天蕩是個沼澤，鑿三十里可通長江。金兀朮便在一晝夜間，鑿通了黃天蕩逃走了。我父親每次講到這裡都非常感慨，說品德是一個人最重要的事，「仗義常是屠狗輩，負心多是讀書人」，這個秀才的書是白讀了。

改名鮭魚是個無聊之事，但它卻顯現出一個教育的危機，即課綱的改革已把學生改到沒有是非觀念和價值觀輕重的拿捏了。人若為小錢就可以出賣代表自己是誰的名字，那麼二萬元是否可以賣身？二百萬是否就可以賣國了？

從玩具學分享

我有二個朋友，因為住家是上、下樓，孩子年齡也相仿，而變成好朋友，好到有通家之誼。後來因為玩具分享的問題，弄到父母交惡，竟不相往來了。我聽了覺得很遺憾，因為分享是可以教的，而且只要從小教，並不會難教。

人是群居的動物，需要伴，大腦實驗發現「獨樂樂不如眾樂樂」，眾人同樂時，大腦愉悅中心活化的程度，比自己一個人獨樂時更大，創新力也比較強，例如同樣一個玩具，大家一起玩，就會玩出很多不同的花樣，比自己單獨玩有趣多了。孩子都知道，最好的玩具是同齡的玩伴。若是沒什麼可玩，就是玩泥巴，二個人也比一個人玩更有味。下雨天就更不用說，人多時，脫光衣服玩水的樂趣，遠大於單獨坐在家裡玩新款的機器人。尤其現在是科技整合的時代，講究團隊精神，溝通能力跟分享態度更是企業用人的指標，它跟孩子將來的事業發展有直接的關係。

那麼分享怎麼教呢？有經驗的父母都知道，一次不可以買太多的玩具，要一個一個的給孩子，更要常常收一些舊玩具起來，等熟悉度退去後，再拿出來給他玩。因為喜新厭舊是大腦的本性，人對熟悉的東西會失去新奇感。當看到這個玩具，大腦不再分泌跟注意力有關的正腎上腺素時，他就對這玩具不感興趣了。這時父母把它收在裝尿布的包包裡，當帶孩子去別人家串門子，孩子看到別人家的玩具很新奇，要去搶時，就趕快拿出包包裡的玩具給那家的孩子玩。你家的垃圾可能是他家的珍寶，當兩個人都有新奇的玩具可玩時，就不會爭吵了。

父母也可以在客人來玩之前，先問孩子，哪些玩具是他願意分享的，把他不願分享的玩具先收起來，這樣可以減少很多紛爭。

當只有一個玩具時，孩子會爭奪，因為資源不夠時，人自私的劣根性會出來。這時父母不可強迫自己的孩子讓客人先玩，因為孩子會覺得不公平，它明明是我的，為什麼要讓他？父母先確定玩具的所有權（這一點對很多孩子很重要），然後讓他們猜拳決定誰先玩，雙方同意各玩幾分鐘，時間到了要交換，沒輪到的孩子先去樓下吃點心，父母只要公平、不偏袒就不會有事。其實輪流的習慣需要從小養成，因為出社會後，很多儀器或設備都需要輪流使用，孩子得學會等待。

教孩子分享，還有一個好處，他可以交到好朋友。古人說「來而不往非禮也」，願意分享的朋友才是可以長久交的朋友。尤其小時候的朋友最真誠，因為沒有利害關係，有難時，可以相助。研究發現，曾經互相梳理的狒狒在看到梳理過自己的朋友被欺負時，會上前去相助，但是沒有相互梳理過的，牠會相應不理。

分享看似小事，其實它是一個重要的品格。教孩子分享，讓他養成大方，不小器的性格，「為人點燈，明在我前」，以後他會收到這個不自私的福報。

不可輕忽的大腦快速發育期

做父母的都希望給孩子最好的一切，因此嬰兒的產品再貴都有人買，尤其是奶粉，很多父母願意相信廣告說的，添加某種營養素的奶粉會讓孩子「學習力三級跳」，而花大錢買配方奶粉給嬰兒喝。

但是貴的東西不見得就是好的，台灣最近發現，這些昂貴的配方奶粉中，奶粉含量竟然不到五〇％，其他全是便宜的麥芽糊精。最糟的是九五％的配方奶粉中都含糖，而且還不止一種糖：乳糖、蔗糖、果糖、玉米糖漿都有，因為愈甜孩子愈愛喝。這些糖會造成乳牙齲齒，所以父母在買奶粉時，一定要看清楚裡面的成分。

以前中國的嬰兒都是吃母奶，沒聽說什麼配方奶，為什麼現在會出現呢？

這是西風東漸的結果。美國的畜牧業發達，牛奶很便宜，大人小孩平日都把牛奶當水喝，在六十年代前，只有不到二五%的嬰兒吃母乳，但因牛奶中缺一些母乳的成分，而這些成分是嬰兒生長所必須的營養素，所以廠商就專門調配出適合嬰兒大腦發育的奶粉叫「配方牛奶」（infant formular）。後來醫學研究發現母乳對嬰兒好處多多，例如吃母乳的嬰兒，自體免疫力有六個月，而喝牛奶的只有三個月等等，經過小兒科醫生的大聲呼籲後，媽媽們才慢慢親自哺乳。

我們人體不能自己製造維他命A、B、C、E，即使能製造少數的B群維他命也是不足量，需要靠後天的飲食來補助，不然會有健康的危險。例如母親懷孕時，若缺乏葉酸，胎兒會有裂脊症（spina bifida）。維他命是新陳代謝的重要調節物質。雖然需求量不多，卻不可缺，它是維持生命的必要物質，所以配方奶粉的成分很重要。二〇〇三年十一月，以色列有六百名左右嬰兒突然不明原因疲倦無力、嘔吐、視力損壞、昏迷，甚至死亡。一開始查不出原因，後來發現這些嬰兒都喝同一牌子的豆奶，才知道廠商為了省錢，沒有把維他命B1加進去，雖然一知道後立刻添回去，但他們的大腦已經受損了。當他們

六、七歲進學時，老師發現他們有嚴重的語言問題，聽不懂複雜一點的句子，如被動句，也無法透過文法結構來知道誰對誰做了什麼。生命初期缺少了維他命，造成了他們終身的遺憾。

另一個例子是二次世界大戰的時候，德軍從一九四四年冬到一九四五年春封鎖萊茵河，造成阿姆斯特丹、鹿特丹等荷蘭城市的「飢餓冬天」。人民餓到把鬱金香的球根都挖出來吃，而鬱金香的球根是有神經毒的（這是「飲鴆止渴」，但是人在飢餓無糧時，顧不了這麼多）。一九六三年，這些當時在媽媽肚子裡的孩子現在長到十八歲要去當兵了，軍方在做身體檢查時，發現他們有很多有精神上的疾病和行為偏差，尤其是那些母親在懷孕初期很飢餓的孩子。

原來懷孕的頭三個月是中央神經系統（Central Nervous System）的成長期，那個時期缺少營養會影響前腦的發育，而前腦是被稱為認知腦，或又叫總裁腦，專門負責計畫、策略、情緒控制、社交和抑制等功能。這些孩子因此行為和情緒的抑制不良，有反社會人格，心血管疾病和糖尿病的比率也高。

為了進一步釐清營養和反社會行為的關係，美國賓州大學一位精神醫學講座教授申請了一筆經費去印度洋中的模理西斯島做實驗。他給一百名三歲的幼兒園兒童喝牛奶、吃魚油和其他營養品，控制組則是吃一般當地的薯類食物。十八年後，他去法院調查已經二十一歲的這些孩子的犯罪紀錄。結果發現，在前額葉皮質發育時，若有足夠的營養，他們比較可以控制自己的衝動行為，犯罪的機率顯著少於吃地瓜的控制組。

這些研究讓我們看到，營養對大腦發育和後來衝動、暴力行為的關係，它甚至跟一些神經性的精神病也有關係。母親在懷孕時，需要絕對的禁菸和禁酒，寶寶出生後，盡可能的餵母乳，寶寶六個月大後，可以佐以各種半固體的食物如馬鈴薯泥、青豆泥等，因為研究發現，童年吃的食物種類多寡跟孩子後來是否偏食有很大的關係，在進食上，人類偏好安全的食物，而母親給的食物是最安全的。

嬰兒在九個月到二歲期間，是神經大量連接、大腦快速發育的時候，這個時候的教養和營養會決定孩子的一生，父母不要錯失這個良機。

看多、做多、商量多

人是群居的動物，所以溝通很重要，幾乎所有有文字的文明都會要求他們的孩子學寫作文。作文也很奇怪，古今中外，沒有一個孩子不討厭它，有的甚至恐懼到生病，我就有一個同學每上作文課就要去廁所瀉肚子。

我小時候最怕父親改他學生的論文，因為他會一邊改一邊嘆氣，當嘆氣聲音變大時，我們的皮就得蹦緊，因為那天晚上，爸爸一定會仔細檢查我們的日記，寫不好就會挨罵。

等到我自己做了老師，我才明瞭為什麼爸爸會生氣了，因為有五千年文化的孩子不該寫出這麼沒有文化的東西出來。後來我不肯做學生的口試委員，因為我不要改論文。碰到學生要畢業，一定要組口試委員會時，我的辦法是交換，你做我學生的口試委員，我做你學生的，因為沒有任何的口試費抵得上改論文的心力交瘁。

我也曾和學生談過作文的重要性，因為不管是聯考、高考、國考都要寫作文，甚至求職也要寫自傳，文字不通哪裡也去不了，為什麼不下點功夫，把作文學好呢？歐陽修說過：作文沒有捷徑，看多、做多、商量多，你們多看好文章，潛移默化，自然會寫了呀？他們異口同聲告訴我，國文枯燥，不喜歡上國文課。

原來國文課本中有很多超越他們能力的修辭學術語，考試時就考：這是明喻、暗喻、略喻還是借喻？作者是用人性化、物性化還是形象化來描述他的經驗？文章中哪裡出現了轉品、映襯、層遞、排比、誇飾？一篇好文章被這樣一分析了以後，就變得索然無味令人不想去讀了。

因為我以前的國語課不是這樣教的，便上網去搜尋，果然看到李家同教授寫過一篇小學四年級的國語測驗卷的文章，裡面全是修辭學的東西，我看了半天，一題也沒答對。我也碰過讀者寫信來問我，我被選入教科書的文章是抒情文、記敘文、論說文還是應用文？我不知道。我也不知道什麼叫類疊，我只知道不要重複同一個字，要用同義詞去取代它。但是我知道一篇文章要讓人讀得下去，它要能感動人，它要真，它要能讓讀者感同身受。所以本書作者問得很對，一個徒弟辛苦三年也出師，為什麼一個作文從小學教到大學，都還寫不好？

當然，另一個原因是，因為不喜歡便不愛閱讀，不愛閱讀，學生的詞彙便不足以表達他的意思。他們愛看漫畫，但看漫畫不等於看書，因為漫畫的文字有限。所以作文一定要多讀書，經過消化成為自己的想法後，寫出來的東西才不會是一堆炫麗的詞藻，像政客的演講一樣，聽完沒有留下任何意義，只是浪費了時間而已。

其實我念書的時候，老師並沒有教我們如何寫作文，她在黑板上寫下題目便離開了，下課時，班長收作文簿交到辦公室去。這情形從我進小學一直到高三畢業皆如此，因此後來看到街上有作文補習班就覺得很好奇，思考怎麼補呀？現在看到林明進老師的新著，才知道原來它真的可以教，除了我爸說的起承轉合之外，還有很多竅門，尤其第二冊裡面給了很多範例，孩子可以對照第一冊所講的技巧，去體會為什麼這篇文章會成為範例。歐陽修說的三多中，除了「看多、做多」，這個「商量多」特別重要，在老師改完以後，自己要看三遍，思考老師為什麼這樣改，前事不忘，後事之師，久而久之，寫出來的東西別人就看得下去了，作文也就得心應手了。

讓孩子說故事，訓練邏輯思考

最近大陸在推雙減政策：不准補習，以減輕父母經濟的負擔；不准出太多作業，以減輕孩子課後的負擔。該政策還規定，所有課程皆免費上網，讓偏鄉的孩子也可受到頂級老師的教誨；把一般大學與技職學校融合，以培養工業需要的技術人才；更改國家重點大學的入學考試，只考作文一項，因為作文可以看出學生的思辨能力、邏輯性和文學素養。

這最後一項對國家來說，太重要了，因為未來的科學家必須要有這些能力才行。現在因為手機的普遍，學生都用簡訊聯絡，很多人已經不會寫讓人看得懂的文章了。朋友曾拿一份工廠的機器說明書給我看，他說雖然都是中國字，但是不知道它在講什麼。

在ＡＩ的時代，傳統的知識灌輸教育過時了，現在要的是會思考，尤其有邏輯性思考的學生，在腦力上，與人一爭長短。

因此現在的父母不但要盡量念書給孩子聽，培養他的閱讀能力，還要讓孩子把故事講回來給你聽，增加他的邏輯性。因為要講故事，孩子得先記住故事內容（記憶力），發生的先後順序（邏輯性），中間的轉折，以及新詞彙的應用。更重要的是他要有道德判斷（誰是好人、誰是壞人），這些訓練會大大的幫助他以後的溝通能力。

聯合國經濟合作發展組織（ＯＥＣＤ）表示，「讀寫能力是二十一世紀知識社會的共同貨幣，它決定孩子的競爭力。」看到大陸已經開始在大幅改革教育的沉痾了，我們也要趕緊想辦法增加孩子的讀寫能力，使他將來在職場上，可以與人一較高下，不會因為詞不達意而吃悶虧。

霸凌不是只有肢體上的傷害

開學後，許多家長開始煩惱，因為他們發現不管這個社會多麼文明，孩子幾乎都免不了被霸凌。去跟老師反應似乎沒有什麼效果，因為班上學生多，老師不可能二十四小時盯著孩子，加上有些霸凌不是肢體上的，而是語言的嘲諷，甚至是非語言的排擠或孤立。

這個現象在全世界各個社會都存在，因為它牽涉到人類求生存的本性，當資源缺乏時，這個劣根性會顯現出來。因此我們需要教孩子如何應付別人的不友善及如何保護自己。

其實人性是本善的，大部分的人是好的，所謂惻隱之心人皆有之，老虎獅子不餓時也不會去捕捉獵物，但是在資源不夠或是在災難發生時，人會變得自私，因為那時不是你死便是我活，而求自己基因的傳衍下去，是登錄在我們的基因上的（演化的定義就是求基因的延續）。在自然界中，強者通常占有較好的地盤，有較多的食物，有較多的交配權，好讓自己的基因傳下去，為此「排序」在群體生活的動物中就很重要，所有的動物在進入一個新團體時，都會面臨被較量的狀況。

中國是個講儒家中庸之道的社會，我們一般教孩子處世的原則是人不犯我，我不犯人，但是人若犯我，我必反擊，只有這樣才能避免自己第二天不被欺負。

一般學校都規定不可以打人，打架要被記過或開除，但是每個孩子從成長的經驗中都知道，如果被挑釁，必須要反擊，不然被貼上懦夫（coward）這個標籤後，以後在學校的日子很難過。因為柿子撿軟的吃，欺軟怕硬，得寸進尺是動物的本性，如果因為教室小，避不開捉弄的同學，唯一的方式便是站起來打一架，讓對方知道我不會成為你嘲弄的對象，我會維護我的尊嚴。不然牆倒眾人推，來欺負的同學會更多，今天忍一下，明天忍一下，久而久之，孩子會畏懼上學。

曾有一個轉學生，上學第一天就有同學欺負他，他去上廁所回來，發現書包整個被倒在地上，有人踩著他的課本跳舞。他立刻衝上去，撞倒那個踩他書包的大個子。當然，他被處罰，家長馬上被叫到學校來，但是從此以後，沒有人敢動他的東西。

以暴制暴是不得已的下策，上策是替孩子找到新朋友。朋友是力量，俗語說「單絲不線，孤掌難鳴」，在被人欺負時，只要有人跳出來主持正義，別人會忌憚三分。同時霸凌也不是只有肢體上的傷害，還包括孤立、嘲諷等情緒上的凌辱，所以在學校有朋友的支持很重要。

有一個孩子他父親是軍人，常隨父親調防而必須換學校。他的母親很能幹，每次換到一個新的環境，便帶他熟悉大街小巷，告訴他萬一被人圍堵時，可以從小路逃回家。然後替他開個小型的Party，把附近的小孩都請來玩，認識他，幫他交朋友。他母親會觀察哪一個小朋友是這個社區的孩子王，看準了以後，就跟那個孩子講：「如果你每天早上來我家跟我的兒子一起去上學，我會每天給你巧克力餅乾。」因為小學生都是走路上學，對那個孩子來講，繞點路就有餅乾可吃，當然願意。他就這樣每天跟「老大」一起去上學。同學不知道他跟老大的關係，只看到他跟老大形影不離，就不敢去欺負他，反而會來討好他。他說他感謝母親的未雨綢繆，不管換多少個學校，他從來沒有受到排擠，每次都能很快的就打入了學校的核心團體。所以替孩子交到好朋友非常重要，尤其在他們進入青春期後。

清初名臣張英曾在遺囑中交代「保家莫如擇友」，若是交到好朋友，孩子是終身受益。父母也要在平時，告訴孩子自己長大的經歷，讓他知道這是人生的一個階段，人離開父母懷抱就不再是寶，而是草了，父母也是這樣挺過來的，不要自怨自艾了。

人生本來就是不斷的磨練與適應，見招拆招是生存的必要條件。霸凌是不對的事，自己不要做，但碰到了，也不要逃避，沒有一番冰雪是不會有撲鼻梅香的。

品德好，一生才會好

在朋友高堂百歲雙壽的晚宴中，我發現七十三歲的我竟是全桌最年輕的一個，人真是愈來愈長壽。看來學者預測紀元二千年後出生的孩子，有一半可以活到一百歲是真的。若是這樣，我們得好好重新規畫人生，因為六十五歲退休後，還有三十五年可活，若不願成為別人的負擔，就得好好照顧身體，尤其牙齒和眼睛，因為要用到一百歲；以後也不必逼孩子考一百分，因為考一百分也不能保證他的前途，未來的世界變化太快，誰也說不準。

不過有一點可以確定的就是社會對品德的要求，因為品德是根，根爛的樹一定會倒。最近國內外都有政治人物因緋聞而下台，可見不論中外，品格一直是社會評量一個人的準繩。

品格是一個需要從小培養的德性，神經發展學的研究有列出兒童發展各種認知的最佳時間（The optimal time of learning），其中習慣（habitual response）和情緒（emotional control）得從小教：習慣是六個月就可以開始教，二歲到頂後開始下降，到四歲後曲線平了下來，印證了《顏氏家訓》的「教婦初來，教兒嬰孩」。

情緒的控制則是零歲開始，二歲到頂點，二歲半開始下降，五歲時曲線不但平下來而且趨於零，表示若五歲以前沒有教好情緒控制，以後就來不及了。這跟密西根大學醫學院柴嘉尼（H. Chugani）教授在底特律兒童醫院掃瞄受虐兒大腦的發現不謀而合，他說情緒的窗口在五歲左右關閉。

健康保健將是顯學

人若活到一百歲，那麼教育的重心就不在知識，而在所謂的四個Q（IQ、EQ、AQ和CQ）。以前父母很在意的IQ會變成未來找工作的基本條件，而適應力ＡＱ會比ＩＱ重要，因為在快速變動之下，不能適應就被淘汰，不管你有多聰明。又因現在是團隊工作，人際關係和溝通能力的ＥＱ（情緒智商）是必須的；在地球是平的時代，文化智商ＣＱ更是維持和睦的條件。現已有大企業的ＣＥＯ因用歧視字眼而被開除。歸根究底，要好好的過一生，品格要堅持。

另一個需要考慮的是退休年齡，以後的人可能要工作到八十歲，但延退的前題是身體要能負荷工作的需求，所以健康保健學門以後會是顯學。

不管人活到幾歲，身體都要好，理想的是像北歐國家，臥床二週便走人。長命百歲的臥床是禍不是福，大家每天動一動吧！

愛之，能不勞乎？

姪孫兒來找我告狀，說他奶奶叫他暑假要練字，還用很誇張的語氣說：「一筆一畫的寫毛筆字耶！」他一臉不屑地說：「在電腦打字這麼快的時代，誰還寫什麼字啊！」我正色告訴他，字一定要寫，不只是字為文章之面目，是你給人家的第一印象，研究還發現，要會寫一個字，必然要動手寫，只用眼睛看，只會記得大致形狀，學不真，因為中國字的形狀類似的字非常多。打注音再挑字的學法是在做「辨認」（recongnition），不是在做回憶（recall），兩者在大腦處理的深度上不同。會寫的字一定可以辨識，但是能辨識的字不一定寫得出來。

大腦有一個「層次處理理論」（level of processing），處理的層次愈深，大腦的記憶愈好。有個實驗是請一組學生判斷螢幕上出現的字是英文的大寫還是小寫，第二組判斷這些字是否押韻，第三組判斷他們是否屬於同一個類別（如動物、植物）。然後，請他們把剛剛看過的字默寫出來。結果第三組的回憶成績最好，因為要判斷類別，必須深入搜尋字的意義，處理最深，所以回憶最好。寫字時，手腦並用，大腦處理的層次比用眼睛看來的深，所以寫字是必須的。

那麼為什麼寫字一定要有固定的筆順呢？原來筆順是另外一條進入大腦的路。曾有個中風的病人，可以聽寫，但不能讀他自己手寫下的字。他的應對方式便是用手在空中畫那個字的筆順，大約五分鐘後就辨識出那個字來了。原來從眼睛到辨識字的神經迴路因中風缺氧受損了，但是從筆順的那條神經迴路還在，透過它，順利達到了詞彙區。

最近還有一個實驗，更發現若是要求學生去畫出來，處理的深度更深，記憶效果更好。

這個實驗是給學生看二十個字，如手套、香蕉、蝴蝶、飛機等等，每個字看六秒，請一半的學生把這些字畫出來，另一半的學生用筆寫（所以二組都有動到手部肌肉），然後請他們回憶剛剛看到的字，結果畫圖組回憶出來的字比寫字組好了五倍。這個現象在字單長（六十個字）短（二十個字）、呈現的速度快（四秒）慢（四十秒）、有沒有用心像（mental image）都一樣，只要他有動腦想，記憶就好。

若用描的（好似我們小時候學寫字用的描紅本），它有影像，也有手動，但是效果就是不如自己動腦筋去畫的好，因為描紅是被動的，自己畫是有主動用心去思索。所以孔子說「學而不思則罔」，人在思考時，大腦很多區域的血流量都上升，大量神經元被活化起來，記憶就深了。

記憶，說穿了，無它，就是「用心」而已。一樣都是動手（如寫字、描紅），但加上用心便是不同。現在很多孩子動不動就說「我不會」，就期待別人替他做，現在我們知道不可以幫他，要讓他自己動腦、動手才會學得深。孔子說「愛之，能不勞乎？」是有道理的，家長寧可耐心等待，讓孩子自己做完家課，而不要幫他寫作業，因為要學習的是他，不是我們。

如何學習「帶得走的知識」？

台灣的少子化使得一些偏鄉小學面臨閉校問題，求生之道是發展出教學特色以吸引學生就讀，因此最近台灣很多小學都很有特殊性。網路的發達令人擺脫地域的限制，使就業、就學的選擇性增加。我因此看到了父母對教育觀念的改變。

最近有位朋友因避疫，舉家搬回台灣，為了讓孩子有一個快樂的童年，他把孩子送去海邊的一所有潛水課程的小學就讀。我問他不擔心孩子將來的升學嗎？他大笑說，現在是網路學習的時代，只要有網路、有心想學，哪裡都可以學習，何必把孩子困在都市中呼吸廢氣？他說他在家中上班，跟美國的公司即時連線，做生意跟在美國 點沒差，言下頗有司馬遷「運籌帷幄，決勝於千里之外」的自豪。孩子平日在學校跟同學玩，學習人際關係，晚上跟他在家上網學習。他對這種安排很滿意，大人小孩各得其所。

另一位朋友則是把他有注意力缺失／過動症（ADHD）不能適應大學校的孩子轉來人數少的小學校上課，不但老師的注意力可以多落在他孩子身上，孩子也有比原來更大的環境來探索和奔跑，大大的解除了孩子壓力和父母的焦慮。

他們敢這樣做，是因為看到了未來的教育著重在問題解決的能力和帶得走的知識，所以不擔心小學階段的成績。畢竟在小學最重要的是學習做人的道理、團隊精神和自制和自律。知識是隨時、隨處可以學習的。

這是世界潮流的趨勢，最近MIT的教授就出了一本《改變我們如何學習的科學》（*Grasp*）專門談教學生如何學習帶得走的知識（learning to learn）。

他說MIT的建校宗旨是「Mens et Manus」（Mind and Hand），動手做，手腦並用，所以他的課強調動手解決問題，要學生同步操作上課的內容，他並在學期末了舉辦一個機器人（robot）大賽，裡面應用到所有上課的知識，使學生在設計機器人的過程中，被迫對每一堂課產生的難題做個別擊破。他說這個方法非常有效，因為你講給我聽，我會忘記，你做給我看，我可能會記得，但是你讓我自己動手做，我會理解原理，永遠不忘，這就是「看別人做一百次不如自己做一次」，一旦了解了機器背後的原理，就可以改良創新，設計新的產品出來。

作者說他本來不是好學生，大學差一點畢不了業。後來去一家英國石油公司做事，在北海探油。當一個人在漂浮的油井平台上，機器出了問題，叫天不應，叫地不靈時，只有猛翻書，自己動手解決。他經過這個磨練，知道自己所學不足，辭職上岸去念書，最後做到MIT的教授。

少子化是目前世界的趨勢，時空邊界淡化後，天涯若比鄰也是網路時代的必然趨勢，所以現代的教育已慢慢脫離傳統，著重在實用，解決人類現在及未來永續生存的問題上。在網路世界裡，學校在哪裡已經漸漸沒有關係了，隨時隨地能夠解決問題的能力，才是真正帶得走的知識，這是我們現在要教的。

用詞遣字，大有關係

朋友去參加他小學畢業六十年的同學會，回來後，跟我們說學校改變太大，完全喚不起兒時的回憶。他說以前教室牆上都有「學海無涯，唯勤是岸」、「吃得苦中苦，方為人上人」的標語，現在都不見了，取代的是外國的卡通人物；校門口原來大大的「禮義廉恥」四個字，也不見了。他有點傷感的問：那些教我們勵志的話為什麼全拿掉了？品格不是需要常常被提醒的嗎？

是的，實驗發現把正確的行為準則內化到小學生心中需要重複提醒，最好是每天耳提面命，直到它變成自動化為止。

七十年代美國反越戰鬧學潮時，許多大學生都要求學校取消舍監、門禁，把宿舍改為男女合住（coed），成績改為「pass / non pass」，甚至要求榮譽考試制度，不要監考。那時麻省理工學院做了一個實驗，想知道無人監考時，學生作弊有多嚴重？如果考試時，提醒學生他的榮譽和道德觀會不會減少作弊？

實驗者於是把學生分成三組，第一組的考卷上印著「In God We Trust」，提醒學生考試不可作弊；第二組的考卷上印著MIT的校徽和校訓，提醒他們做為MIT一份子的榮譽感；第三組是控制組，考卷上什麼都沒印。結果發現被提醒自己是MIT一份子的榮譽感成功的阻止了作弊，其次是小時候去教堂養成的道德觀，最差的是第三組，作弊最多。

所以品格的養成除了父母的教誨、宗教的信仰之外，還需要時時提醒，因為人是健忘的，也是投機的，要暗室不欺心是少數聖人才能做到，但是人性本善，一旦良知被喚醒了，善良就戰勝了邪惡。有個實驗甚至發現不需用到文字，只要畫個眼睛也有同樣的提醒效果。

這個實驗是在茶水間的牆上貼一張眼睛的圖片，雖然一杯咖啡才二毛五，還是有人不投錢就拿走咖啡。但是貼了眼睛以後，投幣罐中的零錢就立刻增加了許多，表示只要潛意識感到有人在看，正確的行為就會出現。品德的確需要常常提醒。

一個站在旁邊的朋友聽見我們在談標語，嗤之以鼻的說，那是威權時代的洗腦，你們居然還在懷念洗腦！

其實洗腦和價值觀的內化是一體的兩面，只是前者是負面的語言，後者是正面的語言而已。研究發現用詞遣字很重要，它會改變我們的情緒：好的詞會聯想出其他好的詞句而導致愉快的情緒；負面的詞會引出更多負面的情緒，而使臉色陰沉。印歐語系中，有些語言的名詞有「性別」（gender），例如德文的太陽是陰性，月亮是陽性，而西班牙文則正好相反。研究發現這兩個國家的小學生寫作文時，對太陽和月亮所用的形容詞很不同：德國學生的太陽陰柔女性化，西班牙的太陽就很陽剛。

掌管情緒的邊緣系統和掌管思想的前額葉皮質有神經通道直接連接，所以文字會影響情緒。不知道現在為什麼會流行「報復性旅遊」這個名詞？當人因為疫情被關了好久，終於可以出去玩時，應該是很快樂的出遊，為什麼要報復？報復誰呢？自己的荷包嗎？

自律是教養的真諦

我在美國時，曾看過一個廣告：在一個人聲嘈雜的雞尾酒會，突然之間，大家停止說話，頭都朝一個方向轉去，旁白：「When E.F. Hutton talks, people listen」。嚴長壽先生給我的感覺就是這樣，他說話時，人們靜下來聽，因為他言之有物，字字珠璣，你會學到東西。最主要是他見聞廣闊，能吸收別人的精華，經內化反思後，應用到台灣來。因此，他的每一本書都暢銷，每一場演講都爆滿，「真金不怕火煉」在他身上得到實證。

他在新書《我所嚮往的生活文明》中所說的，其實正是我們每個人所嚮往的生活，但是為什麼在「寶島」上，卻不能享有這種文明呢？仔細去想，書中的願景其實是可以實現的，只要我們願意改變心態。

改變心態得從教育做起，前南非總統曼德拉（Nelson Mandela）就曾說：「教育是改變世界最強大的武器。」這次美國挺川普的暴徒攻入國會，大肆破壞，狂妄的影像被電視轉播到全世界後，引起很多人震驚，學者們重新檢視柏拉圖、亞里斯多德的書，我們有曲解民主的真意嗎？有教錯學生嗎？為什麼人們對民主和自由的解釋有這麼大的不同？

在東方，人們一發現新冠肺炎是飛沫傳染，沒有第二個念頭，口罩馬上戴起來。西方人卻認為戴不戴是他們的自由，政府不能強迫，即使死了四十萬人，仍然鐵齒不戴，令我們非常不解。

紀律是創造力的基石

威斯康辛大學麥迪遜校區的神經心理學家理察．大衛遜（Richard Davidson）的看法，或許可以稍微解釋一下這個差異。他說：一六二〇年五月花號登陸新大陸時，英王詹姆士一世說，只要你耕種得過來的土地都是你的，國王只收稅，不擁有土地。於是北美殖民地的人靠自己的力量開拓了蠻荒，征服了大自然。他們發展出不靠祖宗、不靠政府、只靠自己的價值觀，因此除了神的意志，他們不聽從任何其他人的指令。「自由」成為美國的立國精神，羅斯福總統的「言論的自由，信仰的自由，免於貧困的自由，免於恐懼的自由」成為全世界追求民主政治的圭臬。但是自由是有規範的，有些人忘記了自由一定要伴隨著自律，不是只要我喜歡，有什麼不可以，而是「只要有人不喜歡，就一定不可以」，嚴先生在這本書中對自由有很精闢的看法。

自律其實是教養的真諦，《顏氏家訓》說「教婦初來，教兒嬰孩」，人一定先有外在的控制，才會有內在控制的產生。很多父母都以為管教孩子會扼殺他的創造力，其實實驗結果顯示正好相反，紀律是創造力出現的基石。這個實驗是用創造力的標準測驗——陶倫斯創造思考測驗（Torrance Test of Creative Thinking）的成績去看近五十年來，美國社會變遷和創造力的相關。結果發現當七十年代反戰導致社會價值觀崩潰後，美國孩子的創造力就一落千丈了。

其實若給孩子規範，孩子反而會有安全感，因為他知道底線在哪裡。只要在範圍內，他是自由的，不會動則得咎。一個沒有自制自律的孩子交不到朋友，而孤獨的心蹦不出創造的火花。

我是一九六九年去美國留學的，那時美國真是富強，超級市場堆滿食物，豐盛得令人擔心它會溢出來。在美國的二十二年間，我眼看著她因價值觀的崩盤，一路衰微下去；一九九二年我回台灣，也是眼睜睜的看著台灣從亞洲四小龍之首一路起伏敗落。我們不怕路遠，只怕路錯，不怕辛苦，只怕辛苦沒代價。假若不想像孔尚任「不信輿圖換稿，放悲聲，唱到老」，那麼請閱讀這本書，讓我們朝所嚮往的文明一起前進。

新教養年代，需要正確的腦知識

這是我在《天下》雜誌的最後一篇專欄。

光陰荏苒，轉眼十七個年頭過去了，想當初有這個機會寫專欄實在很偶然，也很感恩，因為當初的我並不俱備寫專欄的知名度。

那時我剛從嘉義中正大學調來台北的陽明大學教書，發現父母們說他們養不起孩子、不敢生的原因，竟然是花不起錢送孩子去上昂貴的腦力開發班和才藝班。再看這些班在教什麼時，發現很多是不必要的，比如說，平日若讓孩子自己動手做事，常讓他和小朋友一起玩，這眼手的協調自然無礙，倒也不需要特別去上感覺統合的課；我們的視神經是右視野（兩個眼睛的右邊）到左腦，左視野（兩個眼睛的左邊）到右腦，因此，只蓋住左眼睛去開發右腦根本是錯誤；人的指紋在胚胎四個月後就出現了，而大腦卻要到青春期後期才穩定，尤其大腦神經的連接會因外在環境的需求而改變，完全不可能從指紋去判斷孩子的未來；至於潛能開發，大腦資源不夠，不可能有九〇%等你去開發，它是用進廢退，你不用，別人搶著用。

那時《康健》雜誌創刊不久，殷發行人認為正確的大腦知識很重要，便邀我寫專欄。我受寵若驚，回家去問我父親。父親說：「化當世莫若口，化來世莫若書。寫專欄是殊榮，是人家看得起你，你自己想想有沒有這個本事，不能讓人失望。」

我當時的確覺得美國總統老布希講「這是腦的十年」已經這麼久了，腦造影技術的精進，國外對大腦的認識已經走的很遠了，而我們還停留在抓周、收驚喝符水的階段，就大膽接下了這個責任。

從《康健》，我轉去《天下》，感謝殷發行人對我的信任，把這麼珍貴的版面給我一用就是十七年。在這期間，我看到台灣價值觀的轉變：我們的確比很多國家自由，高興做什麼就做什麼，但是真正的自由是，不想做什麼時可以不做。請問我們不想吃萊豬時，可以不吃嗎？不想買美債時，可以不買嗎？

獨立的定義是百分百的自主權，它是建立在國家的實力上。這個實力不是有形的武器，而是無形的自尊自立自強精神。

我們必須認同國家的利益超越黨派之上，國歌、國旗所代表的國魂必須深植在每個人心中，才有可能享受真正的民主和自由。

國家圖書館出版品預行編目(CIP)資料

進步一點點,人生就會不一樣/洪蘭作. -- 第一版. -- 臺北市:遠見天下文化出版股份有限公司, 2022.02
面； 公分. -- (心理勵志 ; BBP470)

ISBN 978-986-525-473-5(平裝)

1.修身 2.人生哲學

192.1 111001799

心理勵志 BBP 470

進步一點點，人生就會不一樣

作者 — 洪蘭

總編輯 — 吳佩穎
責任編輯 — 陳珮真
封面暨版型設計 — 張議文

出版者 — 遠見天下文化出版股份有限公司
創辦人 — 高希均、王力行
遠見・天下文化 事業群榮譽董事長 — 高希均
遠見・天下文化 事業群董事長 — 王力行
天下文化社長 — 王力行
天下文化總經理 — 鄧瑋羚
國際事務開發部兼版權中心總監 — 潘欣
法律顧問 — 理律法律事務所陳長文律師
著作權顧問 — 魏啟翔律師
社址 — 台北市 104 松江路 93 巷 1 號
讀者服務專線 —（02）2662-0012 ｜傳真 —（02）2662-0007；2662-0009
電子郵件信箱 — cwpc@cwgv.com.tw
直接郵撥帳號 — 1326703-6 號　遠見天下文化出版股份有限公司

電腦排版 — 立全電腦印前排版有限公司
製版廠 — 中原造像股份有限公司
印刷廠 — 中原造像股份有限公司
裝訂廠 — 中原造像股份有限公司
登記證 — 局版台業字第 2517 號
總經銷 — 大和書報圖書股份有限公司｜電話 — (02)8990-2588
出版日期 — 2022 年 2 月 25 日第一版第一次印行
— 2024 年 5 月 16 日第一版第九次印行

定 價 — NT400 元
ISBN — 978-986-525-473-5 ｜ EISBN —9789865254865（EPUB）；9789865254872（PDF）
書 號 — BBP 470
天下文化官網 — bookzone.cwgv.com.tw